鸵鸟心理：
为何我们总是害怕与逃避

CONQUER
YOUR
CRITICAL
INNER
VOICE

（美）罗伯特·W.费尔斯通　丽莎·费尔斯通　乔伊丝·卡特里特　著
（Robert W.Firestone）　（Lisa Firestone）　（Joyce Catlett）
郭晓薇　孙心茹　译

U0331478

化学工业出版社
·北京·

Conquer Your Critical Inner Voice, by Robert W. Firestone, Lisa Firestone, Joyce Catlett

ISBN 9781572242876

Copyright © 2002 by Robert W. Firestone, Lisa Firestone, and Joyce Catlett.

This edition arranged with NEW HARBINGER PUBLICATIONS through BIG APPLE AGENCY, INC., LABUAN, MALAYSIA.

Simplified Chinese edition copyright: 2020 Chemical Industry Press Co., Ltd. All rights reserved.

本书中文简体字版由 New Harbinger Publications, Inc. 授权化学工业出版社独家出版发行。

本版本仅限在中国内地（大陆）销售，不得销往其他国家或地区，未经许可，不得以任何方式复制或抄袭本书的任何部分，违者必究。

北京市版权局著作权合同登记号：01-2020-2732

图书在版编目（CIP）数据

鸵鸟心理：为何我们总是害怕与逃避 /（美）罗伯特·W. 费尔斯通（Robert W.Firestone），（美）丽莎·费尔斯通（Lisa Firestone），（美）乔伊丝·卡特里特（Joyce Catlett）著；郭晓薇，孙心茹译. —北京：化学工业出版社，2020.6（2021.11重印）

书名原文：Conquer Your Critical Inner Voice

ISBN 978-7-122-36421-0

Ⅰ.①鸵⋯ Ⅱ.①罗⋯②丽⋯③乔⋯④郭⋯⑤孙⋯ Ⅲ.①人格心理学－指南 Ⅳ.① G848-62

中国版本图书馆 CIP 数据核字（2020）第 041875 号

责任编辑：赵玉欣　王　越　　　　　　正文插图：亓毛毛
责任校对：栾尚元　　　　　　　　　　装帧设计：尹琳琳

出版发行：化学工业出版社（北京市东城区青年湖南街13号　邮政编码100011）
印　　装：三河市航远印刷有限公司
880mm×1230mm　1/32　印张7³/₄　字数166千字
2021 年 11 月北京第 1 版第 2 次印刷

购书咨询：010-64518888　　　　　　售后服务：010-64518899
网　址：http://www.cip.com.cn
凡购买本书，如有缺损质量问题，本社销售中心负责调换。

定　　价：59.80元　　　　　　　　　版权所有　违者必究

序

你现在的生活幸福吗？和你梦想中的生活一样吗？如果答案是肯定的，那么毫无疑问你遵循了本书中描述的原则。但是，如果你在生活中经常经历失望甚至沮丧，那么请振作起来！因为这本书正是为你而作。它将带领你一步一步地觉察和了解内心的批评声，正是这种声音在控制着你的生活，消耗着你的精力。本书将揭示出你总是无法展示自己全部实力的原因和机制，并给出清晰的指导建议，帮助你纠正这些长久以来束缚着你的习惯。

阅读这本书对我也有很大的影响。作为从业二十多年的治疗师、研究者、作家和培训师，我依然跟内心的批评声纠缠不清。这个变形怪兽能够以多种形式出现，包括沮丧、焦虑、过度工作、关系斗争、虚荣、嗜睡症以及自我麻痹（如沉溺于老电影和电子邮件）。出乎意料的是，这本书迅速揭开了上述这些防御行为的面纱，仁慈地为我指出真正的敌人——内心的批评声。在跟随着书中的指南进行练习时，我感到自己的心情在变好，精神在振作，而且我对于未来的看法也变得更有希望。正是这种体验让我坚信这是一本充满希望的书，它以亲切的口吻描述了人类普遍面临的困境，以一种不含责备的方式解释了内心批评声的来源。最重要的是，这本书提供了一系列轻松易懂的步骤来帮助我们从束缚中得到解脱。

每一位读者都会在阅读这本书的旅途中收获良多。它为你提供了一个机会，让你得以直面内心的敌人，并且认识到一个事实：对自己充满恶意的想法限制和控制了你的生活。你可以从一个全新的视角去理解，为什么自己在工作和爱情生活中的表现往往远远落后于实际能力应有的表现。我特别喜欢关于亲密关系的内容，仅是那张描述理想伴侣应具备的六种品质的表格，就能让这本书物超所值！

最后，我还有一个建议：践行这本书中的计划要慢慢来。我发现最有效的方式应该是先阅读一章，然后做练习，最后再回顾一次本章内容。我相信，如果你按照我建议的步骤去做，就会发现这个计划能够，并且一定会反击你的消极思维，你会为此感到欣慰。你心中的敌人再也无处躲藏，再也无法阻挡你的成功，最终你将遇见真正的自己——一个天生友好、富有同情心的人。我知道这是一项艰巨的任务，但是经验告诉我，这本书能够帮你达成它。

派特·洛芙（Pat Love）

教育学博士

人际关系顾问／情感顾问

《爱的真相》作者

前　言

　　这本书提出了一系列重要的问题："你究竟在过着谁的生活？""你是在充满活力地追求自己想要的生活，还是在无意识中过着其他人为你设定的生活？""你是真正追随着自己的命运，还是在重复着父母的生活？"认真地思考这些问题对于每个人来说都至关重要。我们应该意识到自己在对自己说些什么，有必要去识别那些负面看法。你可能发现自己的内心是分裂的（其实大家都是如此），你面临着内部敌人的进攻。这一发现可想而知会伴随着一些痛苦，但它终究是有益的，因为它能够解放你，开启你蜕变的过程。

　　这本书的目的是为你提供一些洞见，这些洞见源于作者二十五年来对内心批评声的持续探索。《鸵鸟心理：为何我们总是害怕与逃避》提供了一种方法，通过这种方法，我们可以识别内心的批评声，了解它的来源，继而采取行动对抗它的指令，以免受其迫害，最终过上更好的生活。本书中的许多真实故事可以向你示范如何使用这些知识促进未来的个人发展，如何借此收获更令人满意的人际关系和更成功的事业。

本书聚焦于理解我们内心批评声的各个方面，包括与之相关的情绪，以及它影响我们日常生活每个领域的方式。我们列出了辨别和应对这类声音的方法，以便你能够过上更充实的生活，施展拳脚去实现自己的理想和价值，并开始探索自己的生命意义。

《鸵鸟心理：为何我们总是害怕与逃避》分为两个部分。第一部分"自我指责让我们害怕与逃避"描述了人们日常生活中最为熟悉的自我批评和对自己有敌意的内部语言。这些声音多在意识层面上出现，普遍存在于人群中。

第一章解释了这些声音从何而来——它们最初是如何形成的，又是如何在童年时期被强化的；这一章中我们还提供了日记记录示范，它可以帮助读者识别消极思维，并将之与更加现实的和自我关爱的观点区分开来。第二章描述了内心声音如何削弱我们的自尊，如何让我们为想象中的或真实的缺陷感到羞愧，如何通过引发内疚来限制我们的人生体验；第二章也提供了一些建议和练习，帮助我们识别这些声音，减轻负罪感和羞愧感。

第二部分"不再害怕与逃避"中的每一章都分别讨论了在某个具体的领域，消极思维或自我批评的声音是怎样干扰人们达成目标的。这些章节描述了在日常生活的种种情境下内心的批评声可能会告诉你什么，也提供了一些指南和练习，帮助你学会对抗这些声音，摆脱它对行为的控制。

其中，第三章讨论了造成工作低效的消极思维，解释了为何许多人偏要做出不利于成功的行为，也提供了纠正这些行为、发展出良好工作习惯的建议。第四章呈现了导致我们在亲密关系中产生苦恼的内心声音，解释了它如何以消磨真正的爱和亲密为代价，维持一种爱的幻觉；同时也展示了在性和身体方面，人们是如何受到家庭、同伴和社会态度的伤害的。伴侣们可以通过练习来识别那些干扰亲密关系的消极声音，从而重新获得亲密感。第五章揭示了隐藏在各种形式的自我挫败行为之下的内心声音，重点讨论了与成瘾行为相关的思维模式，并介绍了一些方法，使读者可以识别和对抗诱发成瘾行为的内心声音。第六章谈论了抑郁症的问题。在这一章中我们罗列了从轻微到严重的自我毁灭的念头，轻微的仅仅限制了个人生活，严重的会使人做出自我毁灭的行为。本章练习能够帮助你识别导致抑郁的想法和这些想法诱发的情绪，并且针对行为改变提出建议。

第七章可以让父母们理解内心的批评声在生命早期是如何形成的，以及社会是如何不幸地在支持着儿童的这种消极思维方式。对于未来，没有什么比我们的孩子更重要。因此，本章给出指导和建议来帮助父母们以更正面、更有同情心的态度看待自己，对孩子的积极影响自然会随之产生。第八章描述了一段持续一生的自我发现之旅，对很多人来说，这段旅程开始于他们识别、挑战和反抗内心的批评声之时。为了完善前面章节介绍的方法、建议和练习，我们额外补充了由罗伯特•W.费尔斯通开发的心理自助步骤，这些步骤可以帮助你进一步过上更充实的生活。本章指出了以下因素的重要性：友情、慷慨、发展自己的价值体系、在人际关系中愿意冒险开放自己，以及学习去直面痛苦的现实而不是自我防御。

《鸵鸟心理：为何我们总是害怕与逃避》能够帮助你暴露和挑战那些毁灭性的思维方式，它们也许在严重地损伤着你的自我意识、精神世界和达成人生目标的能力。许多限制是个体强加于自己身上的，这一切来源于个体对于自己和他人存在一些不切实际且消极的看法。因此，本书的目标一是揭示我们内在破坏性的力量，正是它导致了我们生活中的诸多麻烦，给我们带来了许多不必要的痛苦和不幸；二是为你提供挑战和修正这些力量的方法，以便你可以发现自己独特的潜力。

目录

第一部分
自我指责让我们害怕与逃避

第一部分聚焦于人们在日常生活中最常见的自我批评，及对他人抱有恶意和怀疑的想法。这些内心的批评声通常存在于意识层面，不同背景和文化的人们都可能在体验着它们。消极思维起源于童年时期，并持续到成年。第一部分的两章重在分析内心的批评声如何使你感到羞愧和内疚、降低你的自尊，并限制你在生活中实现自我抱负的能力。穿插其中的练习是为了帮助你识别这些破坏性的想法，回顾触发这些想法的事件，以及这些想法带来的行为。我们也提供了一些技巧来化解内心批评声的破坏作用，以提升你的自我价值感和自尊感。

第一章　"这次又要搞砸了！"

即将开始演讲的人想："你马上就要出丑了。你的演讲听起来一定会很傻，台下的听众肯定会笑话你。恐怕没人会对你说的感兴趣吧！"

准备去约会的女人告诉自己："你凭什么以为他会喜欢你？还是快点想些有趣的话题来聊吧，否则他再也不会约你了。"

年轻小伙子在准备申请某个职位时想："对这份工作来说，你实在是太年轻，也太缺乏工作经验了。为什么还要浪费时间去准备简历呢？反正你永远也不会得到这么好的工作。"

正在参加考试的学生想："像你这么笨的人，什么事也做不好。这次肯定要考砸了！"

你是否曾经有过类似的想法？这些想法对你的生活造成了什么影响？你在这样想的时候有什么感受？如果你能意识到这类想法，并了解它们对你的行为和情绪有什么影响，那么你就可能在更大程度上把握自己的生活，你就可以调整行为来向生活的真正目标靠近。

我们对自己的两种看法

为什么那个即将演讲的人要以这种会让他更加紧张的方式来苛责自己？为什么那个找工作的小伙子要预设自己会失败？为什么他们会用如此消极的方式看待自己的处境，以如此令人丧气的方式预测自己的未来？

诸如此类的破坏性想法强烈地影响着我们的行动及日常生活方式。例如，做演讲的人最终说话时会结结巴巴，而那位拖延着不写简历的人也得不到他想要的工作。

尽管我们都能意识到某些想法会使我们更加紧张，进而干扰我们的表现，但大部分人还是会低估这些恶意想法对我们生活的影响程度。我们对自己感到愤怒，而上述这些事例中所描述的嘲笑、自我贬低仅仅体现了其中的冰山一角，我们借此来窥视一位更强大的、隐藏更深的敌人。这位强大的敌人由破坏性的想法、信念和态度组成，它控制着我们的行动，干扰着我们对个人和职业目标的追求，让我们在很多时刻感觉糟糕透顶。

你有这种内在的敌人吗？本章将带领你听听自己内心的批评声，引导你发现这种声音对生活方方面面的影响。这是战胜内心批评声的第一步。

我们的目标和愿望总是自相矛盾。一方面，我们温柔地关注着自己，感觉自身有自己喜欢的、感觉舒服的特点。我们有成长、发展和追寻个人与职业目标的天然倾向，也有在关系中保持亲密、寻求生活意义的渴望。在本书中，这些倾向被称为"真实的你"或"你的真实自我"，这些倾向的基础就是你对自己友好而富有同情心的态度。

另一方面，我们对自己还存在一种不友好的、批评性的看法。这些破坏性的想法和态度常常会愈演愈烈，并且凌驾于更现实或更积极的思维方式之上。它让我们自我设限，拖住我们奔向成功的脚步，而且有时候会让我们对他人抱有恶意和怀疑的态度。压力会增强这种消极思维的破坏力，使我们更容易被其控制，甚至采取严重的自我毁灭行为。本书将这种对自己的消极看法，连同指向自己的指责和愤怒，称为"内心的批评声"，因为它是你的一部分，是致力于否定真实自我的那部分。正是这个部分，诱发和助长了个体的自我挫败行为及自我毁灭行为，也正是它促成了个体对他人的愤怒或消极态度。

在"真实的你"和"内心的批评声"之间的较量中，更加突出的那部分决定了你在某一个具体时刻所表达的观点，也影响着你的行为。也许你曾在亲近之人身上发现过这样有趣的现象：当他们看起来是在做"自己"时，与看起来不像他们自己时，在言行上会有很大差异。当他们做自己时，通常是放松的，而且更加令人喜爱。而当他们受到内心批评声的折磨时，会表现得更为焦躁和不招人喜欢。

友好的自我欣赏

在我们看待自己的矛盾态度中，积极的一面来自于我们拥有的独特品质，例如身体素质、脾气禀赋，以及对于父母或主要监护人积极品质的本能认同。积极的情感体验也促进了真实自我的形成，这种体验包括我们所学到的、所喜欢的、促进我们成长和发展的经历，以及父母和其他成年人投注于我们身上的爱和关心。

练习1.1　看见真实的你

　　试着列出你的能力和优点，包括你喜欢或欣赏的自身品质。还要列出你人生中长期和短期目标，你的特殊兴趣，以及特别钟爱的活动。例如，什么人或什么事对你来说是有意义的？你的价值观和理想是什么？最后，写下你在实现目标的过程中处于什么位置。

我的身体素质：

_____

_____

我的积极品质：

_____

_____

我的兴趣和活动：

_____

_____

我的长期目标：

_____

_____

我的短期目标：

_____

_____

在实现目标的路上，我处于什么位置？

_____

_____

糟糕的自我指责

内心的批评声是人格中具有防御性的消极部分发出的声音，是实现个人发展的对立面。批评声由一系列负性思维组成，这些想法与我们的最大利益相冲突，并且会削弱自尊。这些充满敌意和主观臆断的想法也会警告我们要提防他人，并将这个世界描画成一幅消极悲观的图景。批评声不仅仅是由破坏性的想法、态度和信念组成，还包括与这种思维方式相伴而生的愤然、恼火或悲伤的情绪。

每个人都承受着不同程度的内心批评声。它降低了我们真实认识事件的能力，触发了消极情绪，破坏了我们对于生命中的美好和意义的追求。当人格中更健康的一面（真实自我）挣扎着要从防御机制的锁链中挣脱出来追求自由之时，这种声音负责坚持把我们牢牢地"关押"起来。破坏性的内在想法还会导致疏远的感觉——一种被迫从自身脱离，并且远离所爱的感觉。当我们妥协于这种声音而放弃挑战它时，所行之事往往会给我们带来消极后果。

大部分人都能在一定程度上意识到内心的批评声，但其背后的消极思维多存在于无意识层面。因此虽然我们有时可以清楚地"听"到这种声音在说些什么，却很难认识到消极思维的存在，只是简单地相信或接受了自己的消极形象。除此之外，我们可能并没有充分意识到这些想法对于情绪、行动和生活方式所产生的破坏性影响。有一点需要澄清，这里所讨论的"内心批评声"并非是一种幻听，而是存在于头脑中的念头。

内心的批评声与道德无关

批评性的内心声音并非是良知或道德的体现。虽然这种声音有时好像与我们的价值观和理想相关，但它往往只是充当了事后诸葛亮。

与良知相比，内在批评声最显著的特征是：它具有侮辱人格的、惩罚的性质。它的贬低语气会增加自我憎恨的感觉，而不是激励我们以一种建设性的方式去改变不良行为。这些破坏性的想法前后矛盾：先是怂恿我们以不利于实现目标的方式行事，然后又就这些行为谴责我们。此外，这个声音还经常将我们本能的渴望、欲望和目标（即我们希望可以在生活中实现的事情），转变成为"应该"——为了成为一个优秀的人，我们"应该"去做这做那。一旦没有做到这些"应该做的事情"，批评声就会跳出来嘲笑和斥责我们的失败。

批评声的表达方式

许多人体验到的自我攻击都是第一人称的，就是以"我"开头的语句。也有一些人体验到的则更像是别人在和他们说话，例如有人把内心的批评声称为头脑中的"董事会"。

相比来说，把自我攻击转变成第二人称，即以"你"开头来表达有三方面的好处：首先，有助于我们把对自己的批评性观点与更真实的视角区分开来；第二，可以让我们开始思考此前可能并未注意到的，存在于意识层面之下的其他消极想法；第三，能唤起常与这些想法相关联的感觉，使我们注意到内心批评声里暗讽或挖苦的语气。

练习1.2　来自内心批评声的攻击

在页面左侧记录下使用第一人称"我"的自我攻击，例如"我感觉自己很傻"或"我不太擅长这种工作"。然后在页面右侧以第二人称"你"来改写这些陈述，例如"你太傻了"或"你不太擅长这种工作"。

以"我"开头的批评例句："我　　　以"你"开头的批评例句："你认为我是没有吸引力的。"　　　没有吸引力。"

_____

_____

_____

_____

_____

_____

_____

试着朗读改写之后的陈述。你是否感觉这种表达比用第一人称对你的冲击更大？这是否引起了你的愤怒或者其他情绪？当你以第二人称读出来时，这些攻击是否听起来更饱含怒气，能否让你想起其他的批评声？

我们内心的批评声从何而来

早期的痛苦感受

我们为什么要如此敌视自己呢？这个内在的敌人是从哪儿冒出来的呢？为什么会产生这种批评性的内心声音呢？答案源于过去，源于我们还是孩子的时候。也正是那个时候，我们总在努力以最好的方式去应付生活。

这种内心矛盾的性质及程度受到早期经历和养育环境的影响。父母也是人，他们对自己也有着复杂的感情：他们有欣赏自己的部分，同时也有自我批评的想法和感受。不幸的是，父母经常将他们自身的消极情绪发泄在孩子身上。因此，对于孩子，父母既有爱的感觉，同时也会有批评性的想法和消极情绪。那些自认为不够好的父母，很难相信自己有能力给予孩子什么有价值的东西。除此之外，仅仅是孩子的存在，就能够唤起他们自己在孩童时期体验过的糟糕感受。如果他们过去的确经历了一些心理创伤，并遗留下未被安抚的情绪，那么这种感受自然会影响到他们对待孩子的态度。

每一个人的童年都会出现需求不被满足的情况，我们都经历过被父母或主要监护人拒绝、忽视，甚至敌视的时刻，其结果就是体验到挫折或伤痛的感受。这些事件，无论是经常发生还是极为偶然，都会给我们留下深刻的印象。如果被问到的话，大多数人都能够说出父母在失去自控能力时令人瞠目结舌的行为细节。究竟是什么激怒了父母，已经被我们忘掉了，但是在这种经历中的感受却是清晰的，并且被生动地保存在我们的记忆中。那时父母尽管是出于好意，却愤怒地对待我们、羞辱我们，或是漠视我们的感受，而我们必须尽力保护自己，以免淹没在恐惧、焦虑和痛苦之中。

儿童会向父母学习，用父母对待他们的方式来对待自己。换句话说，人们倾向于以自己被养大的方式来做自己的父母。在某种意义上，人们会用父母曾经抚慰和惩罚他们的方式，来抚慰和惩罚自己。

我们的防御

面对压力或痛苦，防御行为就是我们的应对工具。在儿童时期，我们就根据自己在家庭中经历的不同程度的情感痛苦，发展出一套保护自己的策略。这套策略在年幼时保护了我们，但是现在我们已经成人，它就变成了桎梏，阻碍我们充分发展出全部潜能。这些心理防御机制可以类比于人体对肺炎的反应。在患肺炎时，身体的防御反应比致病细菌的攻击更具有破坏性。肺部感染会导致免疫系统采取行动，派出抗体来应对入侵的细菌。然而，抗体的防御行为有可能因为规模太大而引起肺部充血，给人体带来潜在的危险。

与此相似，当我们还是幼小脆弱的儿童时，在痛苦中为保护自己而建立起的防御行为，如今对我们的伤害可能比最初经受的心理创伤还要大。从这个角度来说，心理防御往往变成了成年人生活中各种问题的根源。

○ 幻想纽带——第一道防线

心理学家罗伯特·费尔斯通发现，我们在儿童时期发展出的最强大、最基本的防御机制，就是幻想着自己与母亲或照顾者保持联系，这种幻想可以在我们经受痛苦时提供安慰和安全感。他把这种防御称为"幻想纽带"。婴儿天生就有能力通过调动头脑中与哺乳经历相关的图像和记忆，来安抚自己、抵御分离焦虑，并减少饥饿和沮丧的感觉。

人类通过想象来减轻痛苦的能力是非凡的。例如，第二次世界大战时进行的研究发现，关于食物的白日梦和幻想确实可以减轻人们感受到的饥饿痛苦。同理，当父母不能满足或者不能稳定地满足婴儿的需求时，婴儿会越来越多地幻想着自己和父母保持联结的画面。这种幻想，像大多数幻想一样，成为了真实满足的替代品。孩子会变得依赖于这种幻想，将它作为自我满足的手段。如果一个婴儿或幼儿能够表达出对这种虚假独立性的感受，他或许会说："我能够照顾好我自己——我不需要任何人。"

儿童还会用一些举动（如吮咬手指、揉毯子）来缓解紧张，同时来支持"能够自给自足"这一幻想，进而帮助他们麻痹痛苦的感觉。事实上，几乎任何行为在被过度使用时，都可以起到这种作用。在想要满足自身需求时，比起依赖他人，我们通常更喜欢用幻想纽带及以上这些方式来安慰自己。

婴儿时期，在我们幻想与父母联结的过程中，也吸纳了他们对我们的态度。不幸的是，这不仅包含他们的积极态度，还包含消极态度，其中那些内在的敌视态度构成了内心批评声的基础。

在下面的例子中，凯拉发展出了自我满足的幻想，又基于这一幻想产生了相应的行为。

凯拉的故事

凯拉是在父母结婚三年之后出生的。她是他们的第一个孩子，育儿经验的欠缺使他们对凯拉有些过度保护，他们用能想到的所有办法来安抚哭闹不止的女儿——奶嘴、音乐、轻摇她长达几个小时，但是即使他们持续关注着她，凯拉的痛苦似乎永远也没有尽头。

凯拉的妈妈小时候曾经遭受过被拒绝的痛苦，她很紧张地把凯拉紧紧抱在胸前，在屋子里走来走去，同时夸张地把她上下颠着，试图让她安静下来。凯拉的父亲被动而且纵容，从凯拉妈妈那里得到启发，也加入了夸张颠娃的行列。

当凯拉一岁的时候，父母的婚姻开始出现问题，她的妈妈有很长一段时间都不在家。凯拉开始变得越来越激动和苦恼。好像只有一种方法可以让她平静下来：她一定要让抱着她的人站得笔直。她会把头埋在那个人的肩膀里，身体慢慢瘫软下来，逐渐停止哭泣变得安静，像个布娃娃一样毫无生气地躺在怀抱中，呆滞地半睁着眼睛，就像个痴傻的人。

到她两岁半的时候，凯拉开始表现出退缩的迹象。她时常迷失在自己的世界里，用一种特殊的方式玩耍：反复地把积木、硬币或是扑克牌摆成整整齐齐的一堆或一排。如果玩伴弄乱了她理好的东西，她就会大声尖叫。除此之外，凯拉回避亲密接触。她会扮着鬼脸，逃离那些热切的感情。

凯拉还养成了一套固定的睡前仪式，她要求父母播放一系列特定顺序的歌曲、讲睡前故事，还有她最爱的仪式——在爸爸或妈妈的肩膀上，扭头背对整个世界。她总是要求听同一首歌曲或同一个故事。如果有人提议换一首，她就会挺直了身体尖叫："不！不！就要听这一首！"

可以看出，凯拉已经丧失了很多本能的需要和欲望。父母的紧张不安让凯拉形成了一种自我满足的幻想，以一种仪式化的方式，用物品和活动来强化她可以照顾好自己的幻想。当这些活动被打断时，她会感到恐慌，因为她的幻想被威胁了，所以她会愤怒地回应。这些固定仪式减轻了她的痛苦，而且在一定程度上满足了她的需求，因此在成长的旅途中，她变得越来越沉迷于这些仪式。从本质上来说，她的真实需求转变成了不断地找寻一些东西以填补内心的空虚。然而即使找到了这个东西，她的满足也从来不会持续太久，很快她就开始新的搜寻。

在三岁到七岁间的某一时刻，我们知道了死亡。对"人终有一死"的新认识引发了我们深深的悲伤和恐惧，倾覆了我们对世界的认知。我们发现，本以为可以天长地久的事情其实只是暂时性的，自己的生命也是如此。为了应对这个让人难以忍受的发现，我们去寻找并依赖于早期为应对痛苦情绪建立的防御机制。就这样，原有的防御机制得到加强，并且在我们的人格中变得根深蒂固。

在知道死亡这回事之后，很多孩子在潜意识深处发誓，以后永远不要完全投入生活，不要彻底地亲近另一个人，因为他们知道，终将有一天这一切会失去，自己的生命和所爱之人的生命都会消失。我们不断权衡，是与生活结盟——不顾生命的有限性而选择投入生活，还是与死亡结盟——限制投入以保护自己免于承受死亡恐惧。我们极有必要发展出一种清醒的觉知，即看清自己的活法是在与生命为伴，还是与死亡为伍。

○ 内化父母——第二道防线

出于对痛苦和负面环境的敏感性，所有年龄段的孩子都会特别关注哪怕是非常微小的让父母发怒的事件，而且会深深地受其影响。他们可能把体会到的父母的愤怒（不管有没有发作出来）和紧张氛围，当作是对生命的威胁，并因此陷入恐惧。

在压力状态下，当孩子感到害怕时，他们不再将自己看作是无助的孩子，反而代入了正在责骂或惩罚他们的父母的身份。当孩子表现出最糟糕的一面时，父母相应的态度和形象被孩子内化于心，成为自己的一部分。他们接管过愤怒、恐惧、自怨——这正是父母在那个状态下所体验到的混杂情绪。

沃特的故事

沃特平常对待他的儿子吉米很随和也很放松，但当他们一起做事时，哪怕沃特在主观上希望这是段愉快的经历，他的完美主义和批判天性还是会尽显无遗。在一个家长小组中，沃特更清楚地意识到自己在每次试图教儿子时都会出现这个问题，他这样谈论自己的批评倾向：

"在吉米很小的时候，每当他做不好事情，我就会冲他大发脾气。例如，如果我们一起拼装一个飞机模型，而他无法装好一个零件或是类似的事情，我会立刻变得不耐烦，并坚决让他按要求做好。有些时候我会怒气冲冲地斥责他，但是大多数时候我只是走开，留下他一个人去独自解决问题。我真不知道他会受到这么大的影响！"

吉米长大之后在许多方面都对自己过于严苛。尽管他在大学里取得了良好的成绩，而且积极参与体育活动，但是他每次都会在相似的情况下恶毒地攻击自己，尤其是当他在做项目时：

"我想起了我是如何苛刻地对待自己，如何给自己背上巨大压力的。上中学时，我总是很害怕会得不到全A。哪怕只得到了一个B，我都会觉得特别糟糕。在体育运动中，我感觉自己必须做到最好，否则就是最差的，无法居于二者之间。我无法只是放松地做自己。如果在打棒球时犯了一个错误，我恨不能把自己撕碎。我觉得自己真是个白痴，我会呆呆地坐着，无数次地骂自己是个白痴。我就像是在脑袋里对着自己尖叫。

"每当我想要开始做一些事情时，我就会很担心甚至紧张到双手颤抖。我对自己说，'你真是个蠢货。你真是笨手笨脚！为什么你什么事情都做不好？你真是个笨蛋，是个白痴。其他人做这种事情一点问题都没有。你到底是怎么回事？'"

鸵鸟心理：为何我们总是害怕与逃避

自我指责影响我们看待自己和他人

苛责自己

内心批评声就像是在脑海中做实况报道，它严苛而又吹毛求疵，让我们以一种痛苦和烦恼的方式去理解身边的事情及与他人的互动。本质上来说，这种声音相当于一个过滤器，它根据过去发生的负面经历对现在的事件做出消极解读。早年经历的消极事件和缺失性体验越多，它就越可能以破坏性的方式来解读当前所处的境况和与他人的互动。

在日常生活中，无论是面对人际关系还是工作，我们都会遇到许多事情，参与许多社交互动。既然一个人对外界的反应在很大程度上受到内心声音的影响，那么鉴于每个人的认知不同，人们对于同样的事件或人际互动会产生相去甚远的反应。如果我们恰恰是通过这个消极过滤器来看待生活，生活就是晦暗沮丧的。但是，如果我们以真实的自我来看待生活，完全一样的状况可能就意味着光明和希望。

因此，重要的是要认识到，外部事件并非是让我们感到苦恼的主要原因；相反，往往在我们透过内心批评声的滤镜去理解这些事情时，麻烦才会出现。带着自我批评去看待生活时，每当我们犯了错，无论错误有多小，多么无足轻重，我们都会倍感自责或泄气。我们常会夸大犯错的后果，然后告诉自己失败还会继续，甚至告诉自己，我们将永远不会在对任何事情的尝试中获得成功，最好现在就彻底放弃一切努力。

意识到这个内心的敌人能帮我们理解自己为什么如此频繁而欲罢不能地以消极的方式来看待事情。改变的第一步就是识别这种声音，然后我们可以选择忽略它的命令，以真实的视角看待生活，摆脱想象中的约束和限制。

练习1.3　记日记：内心的批评声和真实的你

日记可以帮助我们辨别和挑战内心的批评声。在页面的左侧记录下一天中你对自己的批评和攻击，注意使用第二人称"你"，就像是别人在对你说话那样。一天结束时，花上十到十五分钟回忆当天所经历的消极想法会很有帮助。让这些想法流动起来，不要压抑自己，充分地表达，而不要害怕它们。你不必听之任之，只需要把它们写下来，试图了解其方方面面，这样做实际上会让你对它们有更强的控制力。另外，不必担心这些想法不合逻辑。记住，这个声音是非理性的，这些想法通常自相矛盾。写好后再检查一下，确保所有的句子都是用的第二人称。

接下来，在页面的右侧，针对每一句攻击，试着用第一人称把它转换成更友善、更有同情心、更真实的表达方式。想一想：你的好朋友或是客观的观察者会如何看待你及同样的情况？他们又会说些什么？这样做并不是为了让你用自我肯定来鼓励自己，而是促使你从客观但富有同情心的视角来看待自己，这个视角正是来自于真实的你。真实的你会如何看待自己呢？

内心的批评声 以"你"开头的句子 例如："你真笨。"	真实的我 以"我"开头的句子 例如："有时候我在工作中会很纠结，但是我学得很快，而且通常做得很好。"
_____	_____
_____	_____
_____	_____

可以把这张练习表复印几份，在一周时间里，坚持记录每天体验到的内心批评声和相应的更富有同情心的观点。

攻击他人

这个声音不只攻击我们，还瞄准了他人。正如我们对自己有两面的看法，我们对生命中的重要他人也有着矛盾的观点，这正是普遍存在的人类共性。有时，我们认为所爱之人很可爱，对他们有着包容和亲密的感觉；但有时，我们却盯着他们的缺点，用苛责的眼光审视他们。例如，我们可能挑剔又嫌弃地认为伴侣或朋友"太迟钝、太无情"，或是"太幼稚、太不负责任"；我们可能对自己说："你不能相信任何人。没人在意你。每个人都在力争第一。你必须要当心，否则就会被别人利用。"

对他人的消极看法往往与自我贬低的态度相伴而生。对于自己的错误，人们往往在自责和责怪他人之间摇摆，要么进行自我攻击，要么对他人持怀疑或偏见的态度。但在某些人身上，歪曲他人或以嘲讽和不信任的态度看待他人的倾向，比自我攻击的倾向更为突出。

对于我们中的一些人来说，认识到内在的分裂太过痛苦。因此，我们会把内心的批评声投射到别人身上。被他人否认或批评，往往比承受来自自身的攻击还要好受一些。正如一般来说，与外部敌人战斗要比与内心的敌人纠缠更容易一些。

认识到这一点很重要。有时候，我们可能会否认对自己的消极看法，反而认为是别人在这么想。事实上，所有被认为是别人加之于我们的批评，那些让我们感觉可怕和不安的评价，几乎都只是源于我们对自己的批评。

例如，一位怀疑自己没有男子气概的年轻人描述了他将内心批评声投射到女性身上的过程：

"每当我第一次见到一位女性，我就知道她会对我有某种评价。并非只是我自己揣测或想象着她会用消极的视角来看待我。我对此很有把握。我就知道，通常女性都会认为我很孩子气，不会把我当成一个男人来认真对待——也许是玩伴，或者是可以开玩笑的人，但绝不是作为男人。我很难收回这些投射，很难接受其实是我自己在这样评价自己。大多数时候，我会故意显得孩子气，引导她们这么评价我，她们的回应恰恰就印证了我所认定的她们对我的看法。"

这位年轻人认定的女士们对他的看法，其实只是他自我攻击的投射。如果他对此没有察觉，会很难认识到自我挫败行为的潜在原因。他会在接近女士时犹豫踌躇，从而确保自己会被拒绝，如此一来，他内心对自己缺乏男人味儿的认定就进一步得到了强化。

尝试挑战害怕与逃避

要想与内心的批评声作斗争，最重要的战略之一就是识别出那些可能导致我们卷入自我攻击的情境。你可能已经注意到，自己有时会因为某些特定事件而陷入糟糕的心情。一旦你变得情绪低落或心烦意乱，可能就意味着内心批评声正在解读着当下经历的事件。仅仅是意识到自己在进行自我攻击，就会对我们战胜内心批评声有重要价值。

认识触发事件

如果在过去的一周里，你的情绪发生过改变（例如从感到相对快乐和满足转变为感到低落），那么试着回忆一下在情绪转变之前发生了什么事件或人际互动，通过其中的细节回想当时你对自己说了什么。虽然这可能令人苦恼或带来焦虑，但是有必要再次强调，我们对事件或情境的解读才是问题的症结所在。决定我们的感受和心理状态的关键在于，对于事件、自己和涉及的他人，我们在内心说了些什么，这一点的影响力远远超过事件本身。

玛丽的故事

当玛丽和丈夫决定分开时，他们已经结婚六年了。虽然要离婚，但是他们都想要保持彼此的友谊。几个星期以后，玛丽开始为了离婚协议条款涉及的一些问题而苦恼。一天，她注意到自己感觉糟透了，虽然前一周还好好的，还对未来充满乐观。

玛丽和一位亲近的朋友讨论这个情况，朋友让她试着回忆所能记得的在情绪转变之前发生的事情。玛丽立刻想起来她与丈夫关于离婚协议财务条款的一次通话：

"我对他大发脾气，因为我觉得他太不讲理、太专制了。他还对我未来的计划批评不止。说到底，我做什么跟他有什么关系呢？不管怎样，结束通话后我对自己和他都感到愤怒，虽然在打电话之前，我真心认为一切都进展顺利，我真的以为我们还是朋友。"

玛丽的朋友是一位非常熟悉内心批评声理论的人，随着谈话的继续，她问玛丽在通话的过程中和通话之后，她都对自己说了些什么。玛丽回忆了一会儿，说：

"我想，在通话之前我就开始跟自己说话了。我开始担心自己的财务状况。当时的担心并不严重，但是当我们俩在电话中交谈时，我开始想，'听起来他在这个世界上好像没什么可担心的，而你呢，独自一人在担心自己该如何面对。他真是一个不体贴的混蛋！他难道不知道你在经历什么吗？'

"然后我沿着这种思路对他说了一些话，他的回应让我怒发冲冠。现在回头想想，我甚至根本不记得他说过什么，但是我开始告诉自己：'看吧，他又来了，永远只在乎他自己。他太迟钝了。摆脱他你应该高兴！'

"但是当我挂断电话之后，我感觉更糟糕了。我开始攻击自己，心里想，'看看你都做了什么。你破坏了所有可以和平解决的机会'。而且我并没有就此打住，继续反刍这个话题，直到我开始把婚姻破裂归咎于自己，'你就是这样毁掉你的婚姻的。你总是控制不住情绪。你真蠢。发生的一切都是你活该，都是你的错'。

"整个晚上，我都在反反复复地生气，要么生他的气，把一切都怪到他头上，要么就是责备自己。在我的脑袋里没有任何中间地带，我就是无法对任何事情保持现实的看法。所以，第二天一整天我都感觉灰心丧气、心情烦躁，这使得我无法再和他打开沟通的渠道。我其实只是想要告诉他我有点担心我的未来，可是却完全没有做到。我对自己说：'为什么还要和他说话？他反正也不会明白。'

"事实上，我知道他应该也是这么想的。我百分之百知道，不管是对我还是对他来说，以一种更理性的方式坐在一起讨论会更好。其实，在我向你讲述我内心的声音时，我已经看到像这样继续攻击自己有多么可笑。这样想已经阻碍了我去做真正想做的事情，我想做的是以某种方式向他表明我对于分手的痛苦感受，而不是因为财务安排的一些小细节去喋喋不休或攻击他。其实，从协议中我已经得到足够多的钱，能维持很长一段时间的生活。"

当玛丽认识到自己对丈夫生气和怀疑的想法，并向朋友袒露了自我攻击行为之后，她盼望与丈夫交谈，并安排了当天晚上与他共进晚餐。第二天，她非常高兴地告诉朋友，她已经成功地让丈夫了解到她的真实担忧，以及分手带给她的痛苦感受。通过直截了当地把自己的感受告诉他，玛丽达到了真正的目的，就是即便分开生活，仍然可以维持两个人的友谊。

识别消极的外部批评

在辨识自我攻击时，很有必要同时记录我们对于来自朋友、家人、同事或领导的批评的反应。事实上，当外界的反馈与我们对自己既定的某种消极看法吻合时，我们一定会对之更加敏感。此外，无论这些批评有多严厉或有多轻微，无论它们是否现实，我们常会对外界的批评反应过度，因为在我们的想象中，这些批评来自于对我们怀有敌意的人，正如我们对自己充满敌意一样。这种愤怒、受伤、羞耻和内疚的反应通常与人们接收到的负面反馈的内容和严重程度不成正比。

例如，在一次团队活动中，一位聪慧迷人的女士被另一位参与者非常愤怒地批评，后者认为她在很多方面都冒犯了他。他的攻击范围很广，而且相当刺耳。这位女士一直静静地坐着听他说，直到被骂作"笨蛋"（其实在他的攻击中"笨蛋"算是温和的说法）时，女士跳起来大叫："别叫我笨蛋！"后来，经过了一番沉思，女士坦言当听到对方骂她"笨蛋"时，她感到十分震惊和愤怒。尽管在现实层面上，她知道自己是一个聪明的女人，但是当她还是孩子的时候，她的家人一直把她视为"笨蛋"。

反对计划与行动计划

有两类行为计划可以帮助我们摆脱内心批评声的影响：①反对计划，即拒绝去做那些由内心批评声引导的、阻碍我们实现最大利益的行为；②行动计划，即去做那些符合自身利益的行为，也正是内心批评声想要阻止我们参与的活动或互动。

先举个反对计划的例子。一个男人在下班后和朋友喝酒，他注意到内心有个声音在督促他好好犒劳自己："继续，再喝一杯。你也该放松一下。"然而他并没有按照这个声音告诉他的去做，而是决定只喝一杯。这个举动增加了他以后不屈服于内心声音指令的决心，也加强了他自己的观点。

行动计划的例子是关于一位极度害羞的女士的。她一直不敢和社团中的一位她感觉很友好的男士攀谈。每次靠近他的时候，她都在想："他为什么会想和你说话呢？你又不是一个有趣的人。"在这种情况下，她的行动计划就是抓住一个契机，开始与他交谈。

当尝试做出这些挑战时，我们的自尊就会提升，会在变得自信的过程中获得力量。检验自己的消极假设是需要很大勇气的，比如检验自己是不是真的会被别人拒绝。但也只有在我们努力去检验之后，发现结果完全不是内心批评声所预测的那样时，真正的学习和改变才会发生。

采取行动来抵制自我安抚行为也需要原则性和意志力，它可以增强我们放弃成瘾行为的决心。抵制诱惑让我们可以有更多机会以更有建设性的方式满足自己的需求。当我们以行动去追随内心真正的意愿、梦想和目标时，即使遇到挫折，也是在强化真实的自我、拓宽自由的边界。

练习1.4　行动计划

在左侧记录内心批评声鼓励的行为；在右侧描述你计划要采取的、能够反映真实自我的行为，可能包括与你兴趣一致的行为和你特别喜欢的活动。它们可能只是一些小事，但是却代表了对自己的肯定，及对内心批评声的反抗。在一周中，持续记录内心批评声怂恿你去做的行为，以及你从自己的利益出发决定要从事的行为。

内心批评声命令我做的事情　　　　体现真实自我的行为

_____　　　_____

_____　　　_____

_____　　　_____

这个练习的核心是促使你思考可以对抗内心批评声的新行为。如果你发现并想要去改变一些自我挫败行为，可以决定减少甚至完全放弃它们。然而，需要特别注意的是，在中止消极行为的同时，你也在破坏自己的基本防御。因此，在放弃自我挫败行为的过程中，不可避免会经历一定程度的焦虑。

当人们开始改变对于自己的消极看法，改变由内心批评声怂恿的行为时，总是会感受到焦虑。任何改变或进步都会引起焦虑，而且此时内心声音的攻击通常会加剧，但这都只是暂时的。大多数人倾向于认为焦虑是不好的，把它当作一种心理问题，想办法要摆脱焦虑，吃药也好，做点什么也好，总之要试图减少和焦虑相关的不愉快。

要记住，焦虑几乎总是与情绪的成长相伴而生。它通常是一个迹象，

鸵鸟心理：为何我们总是害怕与逃避

说明我们正在做出建设性的改变。如果我们学着去忍受因行为改变而带来的焦虑及内心自我攻击的加剧，那么随着时间的推移，它们将逐渐减弱，直至消失在背景中。当内心批评声"看到"我们越出它划的界限，不再服从它的规定时，它就像是一位生气的家长，朝我们一顿怒吼，试图攻击我们，让我们回到界限之中去。如果我们能忍受下去，牢牢坚持新的行为，这种攻击就会开始撤退，就像是家长厌倦了喋喋不休，最终放弃了一样。

本章小结

妨碍和攻击自己的破坏性思维存在于我们每个人的头脑中。我们都在不同程度上被内部对话所困扰，而这种对话是有害的、限制性的，最终会导致自我毁灭。想要对抗内心批评声的暴虐专制，记日记、设定行为改变目标、一步一步地采取行动，这些手段的价值是不可小觑的。

通过认识到内心的批评声，对抗它的指令，我们开始解决下面的问题：我们是在过自己的生活、实现自己的命运，还是在重复习惯的模式、重复父母的生活？我们被什么左右？是内心的批评声还是反映了真实自我的态度？对于生活，我们越有能力去打破消极的家长式的预设，就越有机会把握自己的命运。

第二章 "我不配，我不行"

我们为何会感到羞耻和内疚

羞耻和内疚是导致低自尊的主要情绪。事实上，我们中的大多数人都被羞耻和内疚的感觉束缚着，在有限的人际关系和经历中度过一生。

羞耻和内疚截然不同。羞耻是我们自认为天生就在某方面低人一等时所感受到的情绪；内疚则与我们的行为有关，例如，认为自己做错了事或未能实现自己的理想和价值时的情绪。这些不真实的、消极的情绪通常是被内心的批评声激发出来的，常会降低个体的自尊感，让人觉得自己没有价值，磨灭了自珍自爱之心。我们要想克服羞耻和内疚，需要在这些情绪刚露头时就辨认出它们，然后揪出在其背后支持和强化它们的内心批评声。

羞耻是在儿童早期就发展出来的一种原始感觉，它甚至可能在儿童学会说话以前就出现了。这种感觉根深蒂固，坚信自己天生就很糟糕、不值得被爱。它让人沮丧抑郁，因为你好像对此无能为力。很多人在成长过程中都因为自己渴望情感（例如想要被触摸、被爱、被人真正看见和理解）而感到羞耻。此时，我们会想要掩藏自身发出的所有信号，因为这些信号可能会向别人泄露出我们不够好的真相。

如果父母对于裸体和人的身体有负面的看法，作为孩子的我们会将之内化为自己的观点，并且对自己的身体和性体验产生羞耻感。例如，研究表明，严厉的强迫式的如厕训练会引发孩子的羞耻感，并可能导致孩子长大后表现出情绪障碍或性障碍。这种对于自己身体和性的负面情绪通常会持续一生，而且可能会给成年后的亲密关系带来严重的问题。

内疚可以定义为，当我们无法接受自己的行为、想法和感觉，认为自己做错事或伤害到其他人，因而产生自我批评时的情绪和态度。暗地里祈祷坏事发生在不喜欢的人身上、在竞争中打败对手，或取得高于朋友或家人的成就，都有可能让我们在开心的同时感到内疚。但是，当我们感到内疚时，即便知道是自己的错，也不必因为行为的负面影响而攻击自己。更有建设性的做法是，找出加剧内疚感的内心批评声，对自己和他人宽容相待，制定在未来做出改进的方案。

内疚感有两种截然不同的形式，都会给人们造成内心的冲突。一种是因为要去实现目标，追求愿望而产生的（神经质内疚）；另一种是因为放弃和逃避真正的生活而产生的（存在性内疚）。第一种内疚感来自于，人们觉得只追求自己的个人和事业目标"太过自私"，不应该忙于追求让自己满意的生活。

然而，如果我们屈服于这种内疚感，克制自我实现的倾向，消极被动地，或只是在幻想中寻求满足，第二种内疚就被唤醒了。这种痛苦的情绪是悲伤和悔恨的混合体，标志着不管出于什么原因，我们都已经偏离了实现自身愿望、理想和价值观的航线。

我们所有人都处于内疚的这两种形式之间，而它们决定了我们人生经历的范围。当我们走上自己的人生道路，而不是被动地生活在别人替我们写好的剧本中时，往往会经历神经质内疚。然而，如果我们被这种负疚感压垮，开始放弃自己的标准和价值观，或是从一段很有价值的关系中退缩出来时，也许又会经历存在性内疚。理解这种感受的来源，找出触发和强化它们的声音，就能够终止自我攻击，重新获得对自己的关爱。

"我不配"

很多人都体验过以内心批评声为形式的神经质内疚（即因要实现目标，追求愿望而产生的内疚感）。如果在人生早期遭受过多的挫折或情感剥夺，人们往往就会构建出消极的自我形象，在成年以后，就经常会主动逃离愉悦的体验、限制自己的生活边界，因为我们的内心批评声会告诉自己"我不配快乐"或者"我不配成功"。

因追求梦想而内疚

内疚出现在生命早期，往往是由孩子追求一些简单的需要（比如需要照顾、亲近的感情和关爱），但却遭到父母的拒绝而导致的。当孩子在满足愿望和需要的过程中受挫时，他们不可避免地会责备自己需求过多，同时产生内疚感。

克里斯的故事

克里斯是一位23岁的单身男青年，他工作努力，职业是税务会计师，过着不错的生活。从十几岁开始，他就对能够帮助别人的职业或公共服务特别感兴趣。他在夜校学习心理学和社会学的课程，并且觉得这是他生活中最激动人心的部分。因此他决定只做兼职工作，用积蓄重返校园，希望可以获得心理学硕士学位。可是，每当想到工作，他就会被内心的批评声严厉攻击，这个声音警告他正在犯一个可怕的错误：

"你难道不是在自绝后路吗？你以为你是谁？居然想在人生的现阶段改变职业路径！你放弃了一份好工作，为了什么？你凭什么认为自己足够聪明，可以拿到硕士学位？你永远也实现不了这个目标。你将会再次改变主意。你一直如此，一直这么不负责任！你应该对自己拥有的工作知足了。为什么你不能像别人一样？为什么你不能稳定下来？"

在知觉到自我攻击之后，克里斯放松下来，他的决心更加坚定了。同时，对这番内心的批评声源于何处，克里斯也有了重要的领悟。他想起父亲一直抱怨自己困于一份无聊的工作中，但是对此却没有采取任何行动。不仅如此，克里斯的父母都过着刻板而局限的生活，在克里斯从商学院毕业后，他们便给他施加了非常大的压力，让他立刻去找一份安稳、有保障的工作。克里斯意识到，自己为即将拥有一份令他兴奋的工而感到内疚，因为这意味着他超越了父亲。

因"生而为人"而内疚

正如第一章中所述，我们内化了父母在批评、惩罚和拒绝我们时所表达的消极言辞，并将其转化为自己内心的批评声。例如，如果我们不受父母欢迎，或是出生在父母生活艰难的时期，就可能会在成长过程中觉得自己是个负担，在成年以后觉得自己不配被爱。从更深层面来说，我们可能会仅仅因为自己活着而感到内疚。

辛西娅的故事

辛西娅是家里三个孩子中最小的一个，是意外怀孕的结果。在她听闻哥哥去世的消息时，一种内疚的想法被触动。对此她这样说：

"我一直都感觉自己好像不应该出生。（她开始哭泣）我是说，我有点像是偷偷溜进我们家的——这就是我的真实感受。在我的一生中，我一直都有这种偷偷溜进来的感觉。现在哥哥去世了，这种感觉更加强烈了，我很难为生活中任何一件事情快乐起来。我一直在想，'你有什么权利开心？他已经去世了，他才是好的那个。每个人都喜欢他。你倒是一直惹是生非的那个。你凭什么能开心？'我就不应该拥有生命，更不用说像现在这样生活了。

"我根本就不该出生。好像没有人为我的出生感到高兴。所以在某种程度上，我甚至根本不相信那些说喜欢我的人。我特别多疑，在内心深处不相信会有人喜欢或在乎我。"

辛西娅11岁的女儿比安卡在一次儿童讨论小组中也表露过类似的想法。虽然比安卡的出生是计划好的，父母也非常期待她，但不知为何，她接受了和妈妈一样的内心声音，觉得自己不受重视或不值得被爱：

"我内心经常会有很多声音。比如'你该停止打扰别人、制造麻烦。没有人在意你。（她开始哭泣）没人愿意给你任何东西。没人想要对你好，因为你对他们不好。所有人都讨厌你！你最初就不该出生'。"

当被问到她从哪儿得到这些想法时，比安卡说：

"我也不知道。有时我看着我的父母，就觉得他们正是那样想我的。否则他们应该会对我更好一些，他们一定不会这么冷淡。"

因比家人优秀而内疚

当自己获得的成就超过父母时，许多人会体验到痛苦的内疚感和自我攻击。虽然不一定总是如此，但在这种情况下人们更容易对与自己同一性别的父母感到内疚。如果相比于家庭成员，我们在财务上或事业上获得更大的成功、拥有更多的朋友，或是享有更美满的爱情，就可能陷入焦虑，甚至懊恼和自责。人们常常因家人失败而自己却获得成功产生内疚感，进而触发了消极思维或自我攻击，如："你以为你是谁？你觉得你比别人更优秀吗？你只想着自己。"

大卫的故事

大卫，35岁，近期刚刚在公司升任领导岗位。他之所以能够晋升，是因为具有优良的品性，比如他很自信、果断、公平公正，也非常关心员工的需要。与他相反，大卫的父亲有点自负，倾向于采用专制独裁的管理方式，在商业冒险中多次失败。当大卫意识到自己获得了比父亲更高的职位时，他开始感到内疚，开始怀疑自己是否真的具备做管理者的能力。在一篇日记中，他记录了察觉到的自我攻击。以下是大卫的日记摘录（基于第一章中的练习1.3）：

内心的批评声	真实的我
闭上嘴，待在原地别动。	我在这个职位上感觉很好。我属于这儿。我的所作所为和做出的贡献说明我是具有价值的人。
不要虚张声势，假装自己很了不起的样子。	我不是在试图成为什么人，我只是在做我自己，而且我配得上现在的位置。
你的员工根本忍受不了你。	我关心我的员工。我尊重他们，公平地对待他们。他们不止喜欢我这个人，更喜欢我做他们的经理。
你是一个暴君！	我不是一个暴君。我的父亲是，但是我待人接物的方式与他完全不同。

在澄清了这些愤怒的声音，并客观真实地看待自己之后，大卫成功地战胜了想要逃离高位、放弃成功的冲动。他能够看出，那些给他贴上暴君标签的自我攻击是错的，这些声音实际上描述的是他父亲的性格和行为，而不是他的。

我们害怕失去与生命中重要人物（包括父母）之间的幻想纽带或是想象中的联系，因为这会让神经质内疚感变得更复杂。当我们开始拥有更独立的生活时，就可能为自己从幻想纽带中脱离出来而感到内疚。

"我不行"

不论何时，只要我们屈服于神经质内疚的内心批评声，就会倾向于做出自我挫败和自我限制的行为，这可能会破坏一次来之不易的成功，或是逃离一段特别幸福的关系。但是，在这之后我们会感受到悔恨和愤怒的自我攻击，因为这种做法违背了自己的目标和真实意愿。

因违背目标而内疚

一般来说，当人们抑制自己的才华和能力不去表现，放弃充分体验生活，或是从亲密无间、两情缱绻的伴侣身边撤离时，会因为背叛了自己或心爱之人而不由自主地感到内疚。

莎拉的故事

在莎拉第一个孩子出生后的几个月里，她变得郁郁寡欢，有点抑郁。她被初为人母的责任压得喘不过气，感到力不从心。她紧张不安，心烦意乱，与丈夫杰克越来越疏远和生分。有些时候，当孩子在晚上哭闹时，她很难抑制住自己的怨恨。莎拉想要对这些消极的念头加以控制，因为这些想法导致她与自己长久以来强烈渴望的东西渐行渐远。她开始在日记里记录自己的想法：

我内心的批评声	真实的我
你不懂该如何照顾婴儿。	我确实是一个新手妈妈，但是我对于如何照顾我的孩子有一些好的直觉。而且，不懂的我也可以学。
你只会让他感觉不舒服。	他确实有时候会哭，会感觉不舒服，但是所有的婴儿都会哭。如果我冷静放松，我通常都能让他感觉更舒服些。
你不是那种该有小孩的女人。	我爱杰克，而且我们渴望一起拥有一个家。所以我就是那种应该有孩子的女人。
你真是一个坏妈妈。	根本就没有一个完美的妈妈。就像在其他任何一种关系中一样，你认识自己并在其中成长。我不是一位坏妈妈，就是一位普通的真实的妈妈。
你没有看到你让杰克也很难过吗？	事实上，我最近不在状态，他很想念我。我也想念和他亲密的感觉。
他会对你失去兴趣。	他不会因为我正在经历一段艰苦时期就拒绝我。他对我的爱比这要深。
他认为你搞不定一个婴儿，你也确实如此。	在他看来，我们俩都是新手。我们都在学习如何为人父母。我们携手一起努力。
你就不该让自己陷到这里面。	这太荒唐了。与杰克和孩子的感情是我人生乐趣所在。我预料到了路上会有颠簸起伏，但是这并不能阻止我！

在写下这些日记之后，莎拉渐渐明白她的自我攻击正在带她远离丈夫和宝宝。这种距离带给她巨大的内疚感，使她感觉离家庭更远了。在接下来的几周里，莎拉继续主动辨识内心的自我攻击，也学会了如何应对由宝宝出生引发的诸多陌生的情绪。她变得更加乐观，而且慢慢修正了那些关于自己不会照顾孩子的不切实际的自我贬低式想法。在这之后，她终于能够重新享受和丈夫的亲密关系。

我们为何不愿欣赏自己

消极的信念

似乎许多人在成长过程中都曾认为自己不好或不可爱，而成年以后，我们在很多情况下都会感到羞耻和内疚。但是我们究竟为什么不允许自己与那些真正欣赏我们、爱我们的人建立新的关系，从而把对自己的看法调整到更积极的模式上呢？我们为什么在已经意识到对自己的看法有所歪曲之后，依然无法轻易转身拥抱真实的我呢？答案在于，这些消极的信念构成了我们防御系统的一个基础部分。正如第一章所言，防御系统建立于我们弱小无助的童年，正是它保护我们免受痛苦的侵袭，从而帮助我们在人生的关键阶段度过情感危机。

防御，正如中世纪骑士穿戴的铠甲，能保护他们在战争中得以存活。现在来想象一下，在没有任何危险的时候穿着厚重的铠甲会怎样？防御铠甲可以在年幼时保护我们，但是如果成年了依然穿着这副铠甲，我们自由移动的能力将会被严重限制住。然而，我们怎么知道现在脱下它就是安全的呢？当我们决定要放弃防御的时候，必须要先冒着风险扔掉铠甲，这种冒险甚至发生在我们确认环境安全之前，因此很容易引发焦虑，所以许多人宁愿选择留在铠甲中以保障"安全"。

这种防御让我们选择继续相信内心的批评声，这会对当前的生活造成巨大伤害——它让我们缺少信任、愤世嫉俗、因羞耻感或内疚感而隐藏起真实的自己。当我们还是孩子时，可能无力采取行动处理压力和痛苦。在这种情况下，我们只能尽力保护自己。但是，如果把这种幼年时的防御行为保留到成年，甚至运用于现在的生活中，它就变成了一种自我伤害。

美化父母和家庭

很多人在成长过程中学会保护自己的一个主要方法，就是美化我们的父母，而把自己看成是不好的。对父母和家庭的美化，是一种基本防御，而且这正是低自尊和负面自我形象的主要来源。因为一个年幼儿童的存活完全依赖于父母，所以他们需要相信父母是好的、强壮的，或至少足够好足够强壮。因此，如果一个孩子被父母拒绝或不被父母所爱，他将之归咎于自己，比归咎于父母的无能或没爱心要更容易接受。因为这样的话，孩子可以寄希望于：如果我努力改变自己，变成"好孩子"，总有一天父母会爱我的。

如果想朝积极的方向努力、改变内心的自我形象、接受他人的爱，对父母和家庭的美化会是这条路上顽固而致命的绊脚石。社会也反对暴露父母的不足、弱点或任何负面特质及行为。我们常听到大人告诉孩子："你爸爸真的很爱你，他只是不知道该如何表达。"但事实上，这位父亲可能的确对孩子漠不关心，或者不尊重孩子。人们以保护孩子的名义，不愿意当着孩子的面批评他的父母。然而，这样做等于强化了孩子的观念，即父母没有缺点，是自己不够好。

练习2.1　真实地看待父母

更真实地看待父母对增强自我价值感至关重要。要知道，当父母还是个孩子时，他们很可能也苦于父母的局限和不足。我们的目的不是去责怪父母，而是试图通过探索在我们生命早期发生的、对现在生活仍有负面影响的事件，来解释自身的局限之处。此外，作为成年人，我们现在有足够的力量去掌控自己的生活，这与小时候不同。当我们对父母形成更真实的看法，可以清楚地看到他们的优势和劣势时，就已经在积极改变内心自我形象的道路上迈出了重要一步。

请写下你对以下问题的答案。A部分通过探索童年的重大事件、父母所使用的育儿技巧，以及描述父母的积极和消极特质，我们会对自己产生更多的同情和关爱，积极的自我关注也由此提升。对父母更现实的看法，可以帮助我们更现实、更积极地去看待自己。

B部分测量的是父母引起孩子羞耻感和内疚感的行为。这些问题可以用"是"或"不是"来回答。

A.描述父母的性格和行为

1.在童年时期，你是否有过长期与父母分离的经历？为何而分离呢？如果有过这种经历，请描述你当时的反应。

_____

_____

_____

_____

2.你认为父母为你提供的、在你成年生活中最有价值的东西是什么？描述这些特质、价值观或理想。

_____

_____

_____

_____

3.你不喜欢自己父母身上的哪些缺点或不足？描述这些特质。

_____

_____

_____

_____

4.父母对你和兄弟姐妹的管教是严格的还是宽容的？描述一次他们管教你的例子。

_____

_____

_____

_____

B. 可能让你感到羞耻或内疚的父母行为

母亲		父亲			
是	否	是	否	1.	当你还是孩子时，父母在外人面前打骂过你吗？
是	否	是	否	2.	父母是否曾用言语或动作表示他们喜欢你？
是	否	是	否	3.	父母是否曾经在别人面前谈论你说过或做过的事情，让你感到难堪？
是	否	是	否	4.	父母是否曾因你需要某些东西而抱怨，并吝惜不予吗？
是	否	是	否	5.	父母是否曾当着别人的面批评你是如何懒惰和无用的？
是	否	是	否	6.	父母是否曾使用过类似这样的表述："如果你那样做，就会让我难过。"
是	否	是	否	7.	当父母不开心时，你会觉得是你的错吗？
是	否	是	否	8.	父母有没有说过这样的话："这就是我们为你付出和牺牲那么多换来的感谢吗？"
是	否	是	否	9.	你可曾因为没按照父母要求行事而对他们感到内疚？
是	否	是	否	10.	父母有没有说过这样的话："你这么大了（或你是男孩/女孩），不应该这么做，对不对？"
是	否	是	否	11.	父母是否表达过希望你能像"别人家的孩子"一样？
是	否	是	否	12.	你觉得父母是否希望你在某一方面与现在有所不同呢？
是	否	是	否	13.	父母会不会用悲伤的样子或其他某种方式来表示你做错了，从而让你感到内疚？

鸵鸟心理：为何我们总是害怕与逃避

向羞耻和内疚宣战

这里有一些练习可以用来挑战令我们感到羞耻或内疚的内心批评声。一个人越是善于识别并对抗这些破坏性的想法，就越能够自由地追求想要的生活。

在辨识与内疚感有关的自我攻击时，重要的是要提醒自己：这种声音与道德无关，它是非理性的、不合逻辑的，并且自相矛盾的。它会令我们在做事时自我设限，事后再来谴责这种自我设限，由此将我们置于一种"横竖都是输"的境地。如果内心的批评声真的体现了道德，它就不会用讽刺和嘲笑的语气，也不会有严厉、惩罚的性质。这种声音中的"应该"和"理当"给我们造成了巨大压力，瓦解能量和行动力，而不是激发我们采取行动、改变现状。

识别破坏性的想法

当我们感到内疚或羞耻时，挑战这一情绪的第一步就是了解自己的内心在说什么。如第一章所述，在识别出自己的破坏性想法之后，可以尝试形成相应的理性观点，帮助自己走出负面信念。首先，回忆最近让你感到内疚或羞耻的情景。在这些情景之中或之后，你都听到了哪些声音？

练习2.2　测量羞耻和内疚

这个练习可以帮助我们了解自己与内疚或羞耻相关的消极思维的出现频率。

圈出你体验到以下内心批评声的频率：

0 = 从未　1 = 很少　2 = 有时　3 = 经常　4 = 大多数时间

0　1　2　3　4　如果人们更了解你，他们就会知道你有多糟糕了。

0　1　2　3　4　你又违反交规了？你真是个笨蛋！

0　1　2　3　4　看看你造成的所有麻烦。

0　1　2　3　4　没人想听你说什么，你不应该把自己的观点告诉别人。

0　1　2　3　4　你太不讨人喜欢了。他（她）怎么会在乎你呢？

0　1　2　3　4　你忘了付账单。你就不能做对一件事吗？

0　1　2　3　4　你不配得到任何东西。

0　1　2　3　4　你总是一副尴尬窘迫的样子，难怪你没有朋友。

0　1　2　3　4　你曾经那么想要一个孩子，而现在呢，却没有时间和他（她）待在一起。

0　1　2　3　4　你今天的晚宴穿错衣服了，每个人都在盯着你看。

0　1　2　3　4　你看看你自己！你太没吸引力了，太丑了。

0　1　2　3　4　你尝试过的所有事情都失败了。

　　　　鸵鸟心理：为何我们总是害怕与逃避

0 1 2 3 4 你曾渴望成功，但现在看看你自己！你已经放弃了所有的目标，只是在随波逐流。

0 1 2 3 4 别人和你在一起真是太痛苦了。

0 1 2 3 4 你就是不属于这里，你和别人都不一样。

0 1 2 3 4 你年轻时拥有的梦想都去哪儿了？你现在一无所成。

0 1 2 3 4 你不配得到幸福，你真是个招人讨厌的人。

0 1 2 3 4 你太害羞、太畏缩了，你应该更有主见。

0 1 2 3 4 你为什么不能像你的兄弟（姐妹）那样？

0 1 2 3 4 你对自己的看法都是对的，你确实毫无用处。

0 1 2 3 4 你真的伤害到他（她）了，你要怎样求得原谅呢？

0 1 2 3 4 是什么让你如此怪异？

0 1 2 3 4 你做的或付出的永远不够。

0 1 2 3 4 你以为你是谁？你和其他家庭成员没有什么不同。

0 1 2 3 4 你以为可以就这样离开，为自己开启新生活吗？好吧，你不能。你什么也得不到。

0 1 2 3 4 你太不体谅人了，只想着自己，从未想过家人（孩子、母亲、父亲）。

练习2.3 羞耻和内疚：内心的批评声和真实的你

　　在页面左侧，记录你在练习2.2中选择了2、3或4的消极思维。量表中描述的内心批评声，可能会让你联想到你曾有过、但没被包含在量表中的自我批评。如果是这样，请把这些想法也记录下来。然后，在页面右侧，相应地描述一种更加包容和真实的想法。例如，如果你在"你永远做得不够或付出不够"上选择了2或更大的数字，你可能想要为自己辩解几句，例如："事实上，我是一个相当慷慨的人。很多时候我都愿意帮别人。有时，我手头有别的事情，可能做不到像平时那么慷慨给予，但是这只是特例。"就像这样，对每一条激起内疚或羞耻的内心批评，花时间去好好思考，并认真地做出回应。

　　一些消极的声音或信念可能有一定的现实基础，例如"你太害羞和保守了"。然而，即便某人是真的害羞，关于害羞和保守的自我攻击却是严苛、主观的，而且通常会紧跟着一句道德上的"应该"。这种给自己贴标签并带有"开药方"式的"应该"的表述，并不利于我们做出改变。

带来羞耻感和内疚感的内心批评声

对自己更现实的看法

_____　　_____

_____　　_____

_____　　_____

_____　　_____

_____　　_____

鸵鸟心理：为何我们总是害怕与逃避

识别破坏性想法的遮羞布

在我们举办的治疗师培训中，学员问过："积极的声音呢？难道人们没有一点积极的声音吗？"从定义来看，内心的批评声指的是一种破坏性的过程，在这个过程中，人们与真实的自我脱离，把自己当作他人来对待。人们确实也可能有貌似积极的声音，但是这些声音实则对一个人的行为、感觉和生活发挥了破坏性的作用。例如，有一些非常友好的声音鼓励人们放弃自己的目标："你需要休息一下。你可以晚一点再完成那个项目。"这些声音是破坏性的，因为它给人们设置了一个陷阱，让我们在未来因为拖延和未完成自己的目标而感到内疚；也有许多人会用积极的"自我对话"来说服自己，以确信自己很好，不存在自我怀疑和自我否定。

拉里的故事

拉里是一位看起来自尊很高的男人，他最近咨询了一位心理学家，因为他想要提高自己的管理技能。

在首次面谈中，拉里说他虽然离婚了，但在交朋友或个人关系方面没有问题。唯一困扰他的是，作为一家大公司的新任部门经理，他总会习惯性地犹豫不决。

当咨询师询问拉里在整体上是如何看待自己、对自己有什么感觉时，他回答说对自己感觉非常好，他十分肯定自己、充满自信。他无比自豪地说自己是"白手起家"，因工作格外努力才获得现有的位置，他为自己的成就而自豪。在这样一副完美的高自尊图像中，唯一有点问题的是，拉里在新岗位上做出任何决策后总是会自我怀疑和纠结，这让他十分焦虑。如果碰上有压力、需要快速反应的情况，这个毛病几乎让他崩溃。

咨询师鼓励拉里去探寻他犹豫不决时的感受。拉里开始意识到他的自信和高自尊仅仅是一层薄薄的外衣，遮掩着他内心深处的软弱无能感。当拉里开始意识到自卑和羞耻背后的内心批评声，意识到自己因处于这些感觉中而涌现出的愤怒情绪时，他就能够开始一步步地改善，能够在做决定时逐渐变得更加果断和干脆。在对他的咨询过程中，一个重要部分是揭示其内心的批评声，这些声音在嘲笑他能力不足，只是二等货色。拉里说，在意识到这些消极声音，即他所谓的"阴暗面"之前，他从未在工作和人际关系中感觉到完全的"真实"。

从这个例子中，我们可以看到，有些人并没有意识到他们有消极的思维和信念。事实上，如果去问这些人，他们很可能会说自己非常喜欢、认同自己。在理性层面上，他们可能在说真话；但其行为和生活方式却表明，他们在情绪层面上怀有自我贬低，怀有对自己的愤怒。

有些消极思维隐藏在虚荣心之下，看上去是积极的、肯定的和保护自尊的，因而十分具有欺骗性。在识别和挑战内心的批评声时，认识到这些"积极的"虚荣之声十分重要。我们很多人都有这种破坏性的想法，就像上文提到的拉里的情况一样。这种表面上友好的声音，其实夸大了自己的重要性和能力，本质上是对人生早年发展出的自卑感的补偿，是在试图掩盖消极的自我形象、低自尊的感受，和自我毁灭的事实。虚荣之声作为低自尊这枚硬币的另一面，用"积极"的声音欺骗人们，让人们自认为拥有非凡的才能，有着不切实际的高水平。这种状态通常起源于童年，父母用"鼓吹"来代替"爱"；或者父母需要孩子作为自己的缩影，来体现自己的优秀。日后，假若孩子没有达到被强加的标准，虚荣之声便会跳出来，无情地谴责他们。换言之，虚荣之声制造了一个陷阱，先引诱我们进入失败之局，再让我们遭受随之而来的贬低和羞辱。

安娜的故事

在安娜还是个孩子的时候，她在艺术方面表现出了一点萌芽状态的天赋，她的母亲对此大加鼓吹，不断地向朋友和邻居们吹嘘自己女儿有多厉害。母亲还告诉安娜，有一天她会成为一名伟大的艺术家。

长大以后，安娜成为了一名美术老师，画画只是偶尔的爱好。然而，在她内心深处，仍然相信妈妈对自己的预言。有一天，安娜看到一张关于艺术作品比赛的海报，决定要用自己的几幅画参加。她积极备赛，并告诉自己："你真的很有天赋！只要你下定决心，就能获胜。你就是个天生的艺术家。"结果，她的作品在比赛中连最低的奖项都没有得到，她感觉在朋友和学生面前颜面尽失，于是很沮丧，甚至考虑要完全放弃绘画。

最终，安娜寻求了专业帮助，开始发现导致她沮丧情绪的原因："你并不是一个真正的艺术家。你是一个骗子！与其他参赛作品相比，你的画显得平淡乏味。你真是个笑话！而你居然真的以为你属于大师行列，你是个伟大的艺术家。多么愚蠢！"

然后，安娜进一步探索了导致她饱受自我谴责的"积极"想法。她发现这一自负的观点并非来源于自己，而是反映了母亲对其能力的夸大评价，以及想要靠女儿的成就过活的企图。这一发现让她立刻如释重负，但她还是要承受让人痛苦的现实：母亲对她的吹嘘只不过是爱的替代品，而真正的爱是母亲不能给予的。

在后来的面谈中安娜回忆起，母亲曾经告诉朋友，女儿的天赋是得到了她的遗传。这让安娜意识到，自己所谓的天赋不过是被妈妈用来自夸的。明白这一点让安娜获得了新的活力。她对自己也有了更加现实的看法，她知道，通过用心的努力和学习，她可能有一天会成为一名艺术家，但可能永远不会像母亲所宣称的那样"伟大"。她参加了一个高级绘画班，以期获得更多油画经验，这是她真心喜欢的，她也持续地从绘画学习中获得很多乐趣。

一般来说，人们发现接受奉承或虚假的赞美，要比接受真诚的仰慕和爱更容易，因为吹嘘不会威胁到他们对于自身的消极信念。相反，人们往往会忽略那些真正欣赏他们、珍视他们个人品质的人给出的真诚赞美，因为这会让他们感到尴尬和不舒服，会导致焦虑、窘迫和对于"优秀"的负罪感。

练习2.4　关于虚荣

本练习有助于识别那些看起来积极的虚荣之声。圈出你体验到的下列"积极"想法的频率。

0 = 从未　1 = 很少　2 = 有时　3 = 经常　4 = 大多数时间

0　1　2　3　4　你比你的朋友聪明得多，具有更多的优势。

0　1　2　3　4　你能做成任何事情！对你来说什么都不算难事。

0　1　2　3　4　你拥有那么多的天赋！总有一天人们会感激你所提供的一切。

0　1　2　3　4　你比其他人更知道如何应对问题，没什么能让你心情糟糕。

0　1　2　3　4　大多数人生活都一团糟，而你总能让事情尽在掌控之中。

0　1　2　3　4　她当然很好看，但是漂亮是很肤浅的东西。你更有个性和魅力。

0　1　2　3　4　他比不上你，不懂得如何体贴地对待女人。

0　1　2　3　4　你为这段关系付出了一切，而他（她）几乎没有任何付出。

0　1　2　3　4　你应该被升职，没人比你对这家公司的贡献更大。

0 1 2 3 4　你做的事情如此有价值。你是不可或缺的。如果没有你，工作玩不转。

0 1 2 3 4　你理应因为那个项目得到奖励，绝大部分工作都是你做的。

0 1 2 3 4　你是这次活动真正的神经中枢。

0 1 2 3 4　你拥有一切：美貌、个性、魅力。你的未来不可限量。

0 1 2 3 4　女人们喜欢你的程度，当然超过喜欢别的男人。

0 1 2 3 4　你这么有幽默感，看他（她）被你讲的笑话逗成什么样了。

0 1 2 3 4　看看周围，你显然是这儿最漂亮的女人（最英俊的男人）。

　　在填写量表时，你能回忆起父母在这些方面是如何形容你的吗？他们的评价是真实的，还是有点夸大其词？他们的表扬是不是太过头了？他们对于你的描述是不是反映了他们自己想实现的理想？他们的表扬是否意味着是他们需要你变得"伟大"，这样他们自己的自尊也可以沾光得以提升？

练习2.5　父母如何看待你，你如何看待自己

回顾一下你在练习1.1中列出的能力和品质（见第一章）。在本练习的页面左侧，描述父母如何看待你的积极特质。他们是怎么描述你的能力、积极品质、天赋和爱好的？然后在右侧写下你对自己积极品质、身体能力、天赋和爱好的真实看法。

父母如何看待我

能力：

_____

_____

品质：

_____

_____

天赋：

_____

_____

爱好：

_____

_____

我如何看待自己

能力：

_____

_____

品质：

_____

_____

天赋：

_____

_____

爱好：

_____

_____

你究竟如何看待自己？这两种观点之间有矛盾吗？当你没有父母描述得那么好时，你是否觉得自己是个失败者？

练习2.6　真实的缺点还是想象的缺点

这个练习可以帮助你重新思考自己的缺点，认真考虑它们是否完全真实。可能你所感知到的缺点都是由内心的批评声控制着的：虚荣之声可能试图掩盖这些缺点，消极的想法又企图夸大它们。这两种内心的声音，不论是过分积极或是过于消极的，都可以被识别和挑战。写下可能阻碍你实现短期或长期目标的现实缺点，以及内心批评声使你感知到的缺点和不足。

身体上的不足：

_____

_____

_____

消极的人格特征：

_____

_____

_____

实现短期目标的障碍：

_____

_____

_____

实现长期目标的障碍：

_____

_____

_____

内心批评声让你感知到的限制或障碍：

_____

_____

_____

　　为了获得心理健康，一个人对自己形成现实且平衡的认知很重要，对父母形成现实且理性的评价也同等重要。在朝着短期或长期目标迈进的过程中，为了抵御低自尊感的侵袭，我们需要对自己的缺点采取一种接纳和理解的态度。即便这些缺点可能真的会妨碍我们实现目标，我们仍要对抗因自身不足而进行自我攻击的冲动。

本章小结

　　所有人都曾体验过自我实现和自我设限之间的冲突，但通常意识不到正是羞耻和内疚将我们囚禁于这一冲突之中，将我们与过去捆绑在一起。本章中所讨论的技术和练习可以帮助我们分辨出羞耻感和内疚感，并对这些情绪状态保持觉知。洞悉消极思维与早年生活的关联，可以让我们对痛苦情绪背后的内心批评声有更深入的了解。之后，通过不断挑战内心的自我批评，我们便可以更自由地以热情和活力去追求想要的生活。

第二部分
不再害怕与逃避

第一部分阐述了有关内心批评声的基本原理，展示了它是如何降低自尊、引发内疚和羞耻感的。在第二部分中，我们运用同样的原理来解释这些破坏性的想法如何限制了我们在一些重要领域的发展，包括事业、人际关系和两性生活；如何引诱一个人依赖于药品、酒精等物质以麻痹自己；以及如何让人感到抑郁和沮丧。这一部分也提供了一些方法和练习，来帮助我们对抗破坏性的想法，改善生活状态。

第三章　如何在工作中展现出应有的实力

本章的重点是讨论内心批评声会如何干扰我们在工作中获得满足感，以及如何妨碍我们实现职业目标。你将会看到一些企业管理者、雇员，和参与到创新项目中的人们克服内心批评声带来的限制，在事业中更上一层楼。有些特定的想法和态度在控制着无效率的工作习惯，通过识别它们，我们将更容易在工作中取得成功、获得成就感。

很多专家设计了各种各样的策略来帮助人们提高工作绩效、提升工作效率、克服通往创造性工作中的障碍，那些以职业成功为目标的人格塑造指南也是汗牛充栋。然而，这些策略往往都忽视了最根本的问题，因此导致许多人在实践中没有达到满意的效果。

低效能工作的例子不胜枚举，在工商业界普遍存在，为什么会有这么多人习惯性地以远低于他们实际能力的方式工作呢？为什么有员工在因表现优异而获得大幅加薪后，反而难以胜任同样的工作任务了呢？一个众所周知的事实是，面对不寻常的成功，不管是高管还是普通员工，都常会采用自我挫败的行为来回应，最终瓦解了可能获得的成就。

　　贯穿于这些例子的共同点揭示了人类行为的一个重要真相：我们都生活在矛盾的状态中，"想要实现的"和"允许自己获得的"成就之间存在着冲突。谁都渴望在生活的方方面面获得幸福圆满，再声明一次，这种倾向属于"真实自我"的一部分。但与此同时，我们也会倾向于破坏自己的成功，限制自己的成就，这种倾向是内心的批评声在作祟。一个人对自己或他人的恶意，其实都是内心批评声的一部分。如果没有意识到这一点，我们的做事方式可能就会违背自己的最大利益。人的行为被这种消极倾向控制的程度，决定了他工作时的心理状态，而工作者的心理状态又会显著影响公司的生产率。

是什么消磨了我们在职场中的上进心？

　　儿童时期的我们为了应对周围的世界，发展出一套自我保护的方法。在长大后的岁月里，这套原始的方法还一直被随身携带着。但成年后的我们可能会发现这些策略不仅是没有必要、没有效果的，而且实际上是有害的，因为它限制了现在的生活。这在职业生涯中特别明显。下文我们将讨论一些被带到工作场合中的最常见（也是最有问题）的应对方式。

如果成功了，就再也没有理由不被爱

　　有很多人幻想取得职业成功，但其实并没准备好接受成功。这是因

为真实的成就会伤害到幻想纽带，而幻想纽带是人们从小便开始使用的，它被作为早年需求未得到满足时的代偿，因此人们更关注幻想而非现实。

安德里亚的故事

过去两年中，销售人员安德里亚一直保持着非常高的业绩水平。一次晚宴上，公司奖励给她一块金表。但是此后第二个月，她的销售量急剧下滑。而且在接下来的几个月里，销售量进一步下降。

安德里亚寻求心理咨询，想要理解自己为什么会如此。她很快就发现自从收到那块表开始，内心的批评声一直困扰着她："现在他们对你有更高的要求了。你必须要取得更高的利润，卖出更多的产品。你达不到他们的要求。他们错了，你不配得到任何东西。你就看着自己是怎样失败的吧。你永远不可能成功！"

安德里亚意识到，当听到这些自我攻击，听信了这些对于老板的扭曲揣测后，她年少时期的怨恨和愤怒被唤起了。在那时，别人对她的要求太多了。安德里亚的父亲在她十五岁那年就过世了，为了贴补家用，她不得不长时间做一份自己讨厌的工作。但家人从未对她的牺牲表达过感激，因此她从早年就发展出一种幻想，并期待在这种幻想中获得认可和奖励。公司对安德里亚的贡献表示认可的事实点醒了她的幻想，所以她把过去那种熟悉的怨恨情绪投射到同事和老板身上，并通过降低自己的绩效表达出来。在现实中获得成功强烈干扰了我们在幻想中的未来得到成功的满足感或舒适感。

成功不难，维持成功者的人设很难

有时人们取得真实的成功是为了补偿低自尊感的缺憾。他们利用自己的成就来夸大自己的重要性，自我吹嘘、虚张声势——事实上就是用成就喂养虚荣心。他们并没有从别人的赞美中享受到真正的认可，而是沉浸在一种内在的自我表扬中。汤姆就是这样的一个例子，他是一家大企业的顶级销售之一。

汤姆的故事

"在我只有二十四岁的时候，就已经在销售工作上非常成功了。我加入了一家快速成长的公司，成为那里的顶梁柱。一开始，我只是在闷头做自己的工作，没有意识到我到底做得怎么样。当管理层表彰我破纪录的销售业绩时，我非常惊讶自己会因为贡献突出而得到表扬。从此我也获得了同事的尊重。

"但在这之后，我变得焦虑，我感到非常害怕。这是一个我并不熟悉的身份。很快，我就进入了一种角色扮演状态。这有点难以解释，但是忽然之间，我就开始扮演着'成功者汤姆'，而不是简单地做我自己了。当我处于这种状态时，我的所作所为变得更像是基于一个人设，而不是基于现实。我好像不再是我自己了，仿佛是在从外部看自己。

"我所扮演的角色让同事们感觉很不舒服，他们都纷纷远离我。

我总是在安慰自己，给自己很多的表扬，而不是从其他人那儿接受赞扬。我告诉自己：'你真的做到了！看看那些顾客对你的反应吧！你真的很擅长销售。你在这么短的时间内取得了这么多成绩，实在是太棒了！他们真应该感激你为了公司所做的一切！'在这一刻我是志得意满的。实际上，这么做却带来了问题，反而导致我不能够成功。我太沉迷于这个形象或人设，以至于顾客们也开始对我反感。他们不再想和我说话，也不想从我这里订货。"

汤姆变得更像是在扮演一个角色，而不是在踏踏实实做事。他甚至还指望同事也吹捧他，支持他的自我膨胀。其实相比之下，汤姆在成为超级销售员之前，拥有更多的活力和个人魅力。与那些踏踏实实做自己的人相比，带着虚荣行事的人效率更低、活力更少，也更缺乏吸引力。

别去争，当心对手的报复

人们有时候会因为害怕竞争的环境，而退出表现出色的工作，或是逃离应得的成功。在这些情况下，内心的批评声很容易跳出来。不管是男性还是女性，那些害怕为晋升而竞争的人可能会告诉自己："当心那个人。你最好不要让他知道你也想得到那个位子。"换言之，许多人本可以更上一层楼，却因为害怕来自竞争对手的报复而选择放弃。同时，与对手直接竞争很容易引发自我批评的想法。

一位女领导的故事

一位女士与他人共同创建了一家大型建筑公司，在面对竞争时，她总是挣扎着想要退缩。她发现自己时常很压抑，不愿意表达自己的观点，在与男性财务主管和建筑师讨论时尤为明显。她识别出了那个怂恿她退缩的声音："他们才不想听从女人的话呢。他们是专家。建筑是男人的领域。说到底，你知道什么呢？他们比你有更多的经验。小心行事，保留自己的观点不要说出来。"后来，她明白了自己弃权的倾向来自于哪里：

"对我来说最大的限制是，我很难突破母亲为她自己设置的牢笼。首先，我的母亲对我父亲非常顺从。当她找到一份工作之后，她很听从老板的意见，从不发表自己的观点。

我因为在工作上比她更优秀而感到内疚，除此之外她对于男人的看法肯定也影响了我，我害怕男性因为我跳出来说话而对我气恼。我突然感觉，这些其实是我母亲的恐惧，而不是我的感受。我现在明白了，其实我体验到的一切都是在模仿我的母亲。每当在事业上取得一些进展时，我都觉得难受，一方面是因为超越母亲而感到内疚，另外也会担心在男性眼里，我的成就都是骗来的。我曾和其他女性交流过，她们也有同感。对我来说，那种内疚感和非理性的恐惧为我设置的障碍，比男性世界可能为我设置的真实障碍要大得多。"

既然只是个软柿子，理所当然要背锅

扮演受害者，意味着一个人拒绝在工作中扮演成年人的角色。受害者的态度对于成年人而言从来就是不合时宜的，因为成年人在自己的生活中拥有实际的权力。有的员工喜欢扮演被动受害者的角色，抱怨自己被剥削，抱怨遭遇了不公平的对待，但从未考虑过自己可以如何改变现状，或者考虑干脆换一份工作。他们反而是通过"消极的力量"操控他人，这种力量可能体现为无能、幼稚、眼泪和其他示弱的表达形式。消极力量背后的内心批评声有一种自以为是的口吻，包括了许多的"应该"："他们不应该那样对待你。为什么你总是要加班到很晚？你的老板太不公平了。他总是苛责你的工作，从不称赞你做得好。你凭什么总是要额外工作去帮助他，而所有的荣誉都归于他呢？"

把自己看成是受害者没有好处，这会导致人们放弃自己的力量，也就是放弃坚持自我或做出建设性改变的力量。要判断一个人有没有扮演受害者，可以观察一下他遇事的反应。比如，他会不会经常向同事抱怨自己的工作量太大，或老板有多么无理和苛刻？他是否经常对自己的失败或错误感到束手无措，或将责任归咎于他人？如果一个人有这种行为模式，那么可能并不是他的老板过于苛刻，而是他把自己放在了无助的受害者的角色上。

如果我们在一份又一份的工作中不断重复这种状况，那就很有必要反省自己的思维和行为模式了。有可能是我们自己把自己推向了引起抱怨的境况中。回想一下过去的工作情境，你是否听到了一个让你自认为是受害者的内心声音？这些想法是怎么干扰你的工作状况的？

在职场中，为了避免受害者心理，我们需要发展主动性，学会控制局面。如果不开心，就允许自己去感受这种情绪，并自由地表达出来。如果问题反复出现，而感觉状况无法改善时，就考虑换一份工作。总之，发展自己个人的力量很重要，这是追求目标、实现理想的前提。

练习3.1　职业目标：内心的批评声和真实的你

花点时间去畅想自己未来的终极职业目标。然后在页面左侧，用自己能明白的方式，写一段话描述这个目标。如果还不能确定职业目标，花几分钟时间思考一下你生命中最重要的理想和价值观是什么，然后写一段简短的话来描述能体现这些理想的活动。如果你已经有了一份工作，用一段话来概括这份工作的精髓。如果你有不止一个目标，针对每个目标都写一段简洁的描述。然后，在中间那栏写下你内心的批评声是如何攻击这些目标的。在页面的右侧，列出你认为在实现目标的道路上，可能会存在的现实障碍。例如：

我的职业目标	内心的批评声	现实障碍
学生：		
我想为孩子们工作，不仅是教给他们生活技能，而且要激励他们变成最好的自己，还要教他们从帮助他人中获得快乐和荣耀。	"你对孩子们了解多少？你懂他们如何学习，什么能激励他们吗？你并没有那么多和孩子打交道的经验，凭什么认为你能成为一位好老师？"	缺少资金去读研究生以获得教育学硕士学位。
计算机程序员：		
我的目标是开发一款新的软件程序，把计算机科学发展到一个新的水平。我希望我的贡献能够得到同事和上级的认可。	"你以为你是谁，爱因斯坦吗？你真正想要的不过是被你的朋友当成大人物。"	晚上没有空闲时间做我自己的项目。没有额外的资金来雇一名助手，而且缺乏爱人的鼓励。
设计公司经理：		
公司的使命就是我的个人目标：为我们的客户打造美观的环境，花费控制在预算之内，按时完成安装，并把服务客户的最大利益置于其他考虑之上。	"这些听起来既老套又愚蠢。没人会相信你能一直按时完成项目。这太不现实了！"	挑战在于如何激励项目经理提前考虑、做好计划、控制好预算和进度。

我的职业目标 （可以不止一个）	内心的批评声	现实障碍

没有金刚钻，就别给自己加戏

过度依赖的倾向也会影响事业的成功。我们在多大程度上想被"照顾"，就会在多大程度上体验到与这种态度相伴的其他想法。比如，会在意是否可以得到别人的认可；会依赖别人的想法，而不是形成自己的观点；会告诉自己："你的老板才是决策者。毕竟，他才是专家。你以为你是谁，可以制定政策？还是搞清楚别人让你做什么，然后乖乖去做吧！"内心的批评性可能会降低我们对自己及自己能力的信心，使我们依赖于同事或老板的支持、认可和关心。

这种趋势也会出现在管理者的身上。但大多数处于权威地位的人，都不愿流露出任何不安全感和依赖别人的意愿。他们倾向于欺骗自己，把需要别人照顾的要求合理化地表达为这样的想法："你已经指派了那个任务，现在即使没有你的指导，他们也应该完成它。"其实隐含的意思是："他们应该照顾你，这是他们的工作。"

由此可见，各种由内心批评声催生的"合理化理由"，都在妨碍人们以成熟、负责任的方式来工作。员工和管理者都应该放弃依赖行为，走向独立，然后最终学会如何相互信赖，即与他人和谐地一起工作，而不是依赖于他人的认可或支持。

如果成就不被认可，又何必要努力

在损害生产力的各种行为中，代价最大的可能就是有人故意保留或隐藏自己拥有的才干和积极品质，让它们不在工作中被施展。这种自我挫败的行为有许多表达方式：拖延、懒散、不专注、没条理或无效率的工作、健忘和能力不足等。员工在工作上保留自己的能力给企业造成巨大的额外成本。

员工保留自己的能力可能出于两种动机。首先，个体可能无法容忍与成功有关的身份变化，所以要减少工作投入，正如前文讲到的安德里亚的例子。其次，如果公司的氛围不允许公开表达愤怒，员工可能借着保留能力来发泄怨愤和不满。这是一种消极的发泄愤怒的方式，最终会激怒雇主。

琳恩·麦克卢尔在《职场中的愤怒与冲突》一书中将这种"隐藏的愤怒"描绘成一种"幕后"愤怒，会导致员工在工作环境中做出破坏性的行为。麦克卢尔提到，许多人完全没有意识到这些行为是在表达潜在的愤怒，所以当他们被指责为无能或低效者时，会觉得自己很无辜。

由于保留能力的行为模式通常是无意识的，而且主要通过消极行为被表达出来，因而要识破它们并与当事人进行确认不太容易；当别人说我们有所保留时，我们会感到受伤、被误解或是愤怒和防御，也都是可以理解的。然而，我们只有了解自我挫败的行为模式，并试图辨识阻碍我们成功的想法，才能获得真正的成长。有人曾要求一群管理人员列出工作中特别容易激怒他们的人和事，列出那些让人抓狂的情况。在"员工"一栏中，管理者们罗列出的对象包括：习惯性地忘记传递电话留言信息的秘书；延迟发放工资支票的会计；运错设备的仓库工人；看上去非常忙碌，实际却一事无成的员工；午餐时间长达两个小时，花费数小时上网，利用办公时间打私人电话或讲同事闲话的人。在"经理助理"一栏中，被提到的特征有：没有条理、冗余的商务会议，没有"团队精神"，无法确定目标优先级和实现目标的步骤，贬低同事抬高自己，缺乏沟通技巧，不愿分享信息，对销售人员和其他员工态度无礼。

有一类保留能力的行为源于害怕改变多年来自己内心的自我形象，布拉德的故事就是这样的例子。

布拉德的故事

在布拉德的整个童年时期，他的父亲开办了几个企业，但是每一家都以失败告终。虽然布拉德经常在他父亲的生意上帮忙，父母却认为他懒惰、不体贴、冷漠。他们一直说，布拉德将一事无成。

与父母对他的负面看法相反，布拉德成长为了一名出色的律师，专长是公司法，对金融和商业实践的知识也很了解。作为一家濒临倒闭的公司的法律顾问，布拉德发挥了重要作用，他帮公司扭亏为盈，让公司的发展蒸蒸日上，因此他被聘为公司新一任首席财务官。然而，上任几个月之后，他开始缺席高管会议，也不回复电话和邮件，似乎对于公司的日常经营活动漠不关心。执行委员会的其他成员和员工们都对他的行为抱怨连连。更令人担忧的是，公司出现了严重的现金流问题，布拉德的工作岌岌可危。

布拉德对于自己的行为感到困惑，于是他就工作中面临的危机寻求心理咨询师的帮助。在咨询中，他识别出一些内心批评声，正是这些声音导致他对待工作一改常态：

"我感觉好像接受这个职位有些冒险。我对自己说了一些听起来让人沮丧的话，比如'你凭什么认为自己与众不同？你怎么能管理好一家公司？你既无能又懒惰。而且，你也不是那种能领导别人的人。你一向冷漠无情。你都不知道如何对待别人。你根本不体贴。这简直是个笑话！你以为你能管理好一家大公司的财务问题吗？你连自己的时间都管理不好！'"

当布拉德对自己讽刺挖苦的态度浮出意识层面之后，他明白自己并非因为履任新职而害怕和焦虑，而是在潜意识中想通过改变自己的行为，让自身形象与父母对他的判断保持一致。布拉德已经习惯于家庭赋予他的负面形象，于是他保留自己对工作的付出，以维持那个形象，避免改变带来的恐惧。

有些保留行为是被愤怒所驱使的，翠西的故事就是这样的例子。

翠西的故事

　　翠西在一所大学任教已经十多年了。她的系主任高薪雇用了一位有名气的男性研究员来增加学校吸引资助的能力。不久后，翠西发现自己工作表现变得不尽人意，她上课迟到，还在写课题申请书时拖拖拉拉。她意识到自己是在生系主任的气，因为他雇用了一位让她感到有竞争压力的人。她开始在日记里记录内心的批评声。记录下来的消极思维表达了她的羡慕、嫉妒，以及报复的念头。以下是她列出的一些想法："为什么他的薪水是你的两倍？你已经在这儿工作十年了。系主任真是疯了！他对于你的贡献毫无感激。他不在意你对系里贡献了多少，也看不到你带来了多少钱，否则就不会聘用新人。你就应该辞职。别人无动于衷，你何必还要这么努力地工作？"写下这些内心的声音让翠西感到无比轻松，她开始意识到不值得为此那么生气。当她还是孩子的时候，她就和兄弟们争得不可开交，因为相比于她和姐妹们，父母很明显更偏爱她的兄弟。翠西意识到自己的愤怒指错了对象，于是又恢复了对于教学研究工作的热情。

　　保留能力的行为会妨碍我们在工作中获得满足感和成就感，学会识别它的第一步就是列出自己能觉察到的保留行为。虽然我们可能不会有意识地掩藏自己的绩效表现，但也许能够识别出那些没有充分发挥能力的行为。

练习3.2　保留行为：内心的批评声和真实的你

在页面左侧，写下你认为妨碍工作取得成功的保留行为。然后，在中间一栏写下你内心的批评声对于每种行为的看法。正是这些关于工作或同事的看法，阻碍了你在工作中达成目标。在右侧一栏，写下你对于这些保留行为的较为理性现实的看法。例如：

保留行为	内心的批评声	更现实的考虑
我经常上班迟到。	"这有什么大不了的？不过10或15分钟的事情而已。其他人也迟到了。"	守时是有意义的，它显示我对待工作是认真的。

保留行为	内心的批评声	更现实的考虑

要战胜保留行为背后的批评声，第二步就是了解这些行为是从何时何处开始的。其实，我们都或多或少地有种不努力做出最佳表现、不显露自己优秀品质的倾向，这一倾向开始于孩童时期。当我们还是孩子的时候，如果因自己受到伤害而感到愤怒，可是这种愤怒又不被允许，就不得不压抑它。但同时，我们也会找到间接的方法来发泄它。我们很快发现，当自己不作为时，也就是不按照父母的要求去做事时，能发挥相当大的影响力，在以这种隐晦的方式发泄完愤怒之后，我们会感觉心里

很爽。保留行为的另一种原因可能在于，父母期望孩子成功并不是为孩子自身的幸福考虑，而是为了让自己感觉更好。这种压力使我们很难区分什么是自己想要的，什么是父母想要的。

许多父母低估孩子的能力和他们承担责任的成熟度，这会促成孩子的保留行为。这些父母没有教导孩子如何在家庭环境中发挥更大的作用，在孩子长大一些之后，对他们想承担更重要责任的愿望不加鼓励，甚至只起到泄气的作用。在成人之后，孩子已经如此习惯于散漫怠惰地做事，以至于真心认为自己就是无法胜任那些实际上是在能力范围之内的事情。

此外，如果父母习惯于从成功中退缩，那么孩子也会模仿他们。很多家长尚未意识到自己对待工作的态度是多么重要，不知道自己就是孩子今后事业发展的角色榜样。有的父母会经常抱怨他们的工作或老板，感觉自己是个受害者，这种态度会传递给孩子；有的父母只能从工作成就中看到自己的价值，因此会强迫性地加班加点，孩子也会模仿他们强迫性的工作方式；与此相对照，有些父母为自己的事业感到骄傲，以热情和奉献对待工作，他们的行为也会强化孩子未来对待工作的积极态度。

来自于上司和同事的负面社会压力也会增强员工的破坏性想法，迫使他们对工作有所保留，不打算尽力而为。例如，一名工人被雇来对计算机进行打包和装车，有同事警告他要悠着点干，他们不愿看到新人把自己的工作绩效比下去。

在这个例子中，要求表现出低水平的社会压力是被公开表达出来的，新员工能够明确意识到其中的威胁，所以他能够决定是要屈服于恐吓，将自己的业绩降到"可接受"的水平，还是继续按照自己的标准工作。

当社会压力被直接表达时，我们可以选择是要遵守周围人的标准还是追求卓越。可是当社会压力以隐性的形式存在，当恐吓是微妙的或无声的时，影响力将会更大。这种类型的社会压力引起的恐惧和内疚反应，甚至不会完全被人意识到。此外，如果大部分人都有遵守群体标准、服从群体专制、不愿出头的心理倾向，这将导致社会压力不断被升级强化。

多数人还有一种认同领导并模仿他们行为的倾向。例如，如果一位老板的行为表现出"顾客不是第一位的"，那么即使他把"顾客至上"的原则挂在嘴边，整个公司的销售人员和客服人员往往也会采取与其一致的行动，不会过多为顾客考虑，不会提供优质的服务；一位总是怒气冲冲、专横霸道的经理可能会发现，他的严厉风格也已经成为了员工行为模式的一部分。一般来说，雇主怎样对待员工，员工就会在与同事和顾客的互动中采取怎样的态度和行为。

是什么压制了我们的创造力？

如果你的工作内容涉及创造一个产品，或是通过写作、音乐、艺术、戏剧来表达自己，那么你很有可能会特别容易受到内心批评声的影响。创造就是在表达自己独有的观点，表达真正的自己；因此，持相反观点的自我攻击，就会以内心批评声的形式冒出来。创造性的任务通常要求我们在一段时间内独自专注于工作，而在长时间的独处中，听到内心的批评声是不可避免的。例如，一位作家可能会想："这听起来太琐碎了，这完全是枯燥乏味的。删掉它，重新开始写吧。当初你怎么会觉得自己能写作的？你是想要证明什么？你唯一能证明的就是你根本不会写作！"

在每一次尝试创造性地表达自己时，我们都将自己暴露于自我攻击之中。当我们出现在公开场合、接受电台采访、在舞台上或摄像机前表演时，内心的批评声可能会干扰或打断表演。例如，一名演员可能会想："你看起来太死板了，用你的手做点什么。你看起来又奇怪又尴尬。看吧，导演正在对你怒目而视。你看起来像个僵硬的士兵，要更自然才对！你想要当演员，这真是一个笑话！面对现实吧，你就是做不到。你就是不具备演员所需要的条件！"

如果你在从事一项创造性的工作，可以使用以下的练习来识别妨碍你进步的想法。

练习3.3　创造性工作：内心的批评声和真实的你

在页面顶部，填写"我的项目目标"；在页面左侧，写下完成项目所需的具体步骤；在中间一列，写下内心的批评声是如何攻击你，如何阻碍项目进展的；在右边的一栏，写下你对项目进展的现实的评价。

我的项目目标：＿＿＿＿＿＿＿＿＿＿＿＿＿＿＿＿＿＿＿＿＿＿

完成项目的步骤	内心的批评声	更现实的考虑
＿＿＿＿＿＿	＿＿＿＿＿＿	＿＿＿＿＿＿
＿＿＿＿＿＿	＿＿＿＿＿＿	＿＿＿＿＿＿
＿＿＿＿＿＿	＿＿＿＿＿＿	＿＿＿＿＿＿

练习3.4 干扰工作的批评声

这个量表包含了导致虚荣、保留行为、从竞争中退缩、扮演受害者，和想要得到照顾的声音。熟悉它们能帮你发现可能正在干扰自己工作的行为模式。

你经历过下列有关工作的内心批评声吗？圈出相应的频率。

0 = 从不　　1 = 很少　　2 = 有时　　3 = 经常　　4 = 多数时间

0　1　2　3　4　你太专横了！人们为什么要听你的？

0　1　2　3　4　你已经安排好了日常工作的体系，下属应该能在不打扰你的情况下完成。

0　1　2　3　4　怎么会有人要听从女人的命令？

0　1　2　3　4　你一副唬人的样子，其实自己都不知道自己在说些什么。

0　1　2　3　4　你为什么总是要工作到很晚？为什么这么多额外的工作都落到了你身上？

0　1　2　3　4　你的老板就是个混蛋！他根本不在乎你们员工，你为什么要帮他完成这个月的任务呢？

0　1　2　3　4　你以为你是谁？你有些过分了。你家里还没有谁在成功的阶梯上爬到这么高过。

0　1　2　3　4　你在这份工作上注定会走很远，因为你比公司里其他任何人都懂该怎么做生意。

0　1　2　3　4　你无法兼顾事业与家庭。看，你母亲就是家庭主妇，你凭什么认为自己能两者兼顾呢？

0　1　2　3　4　你必须要在写作之前做更多的研究，在这个话题上你根本就没有新的东西好说。

0 1 2 3 4 明天再做这个项目吧。而且，你有其他更实际的事情要先处理。

0 1 2 3 4 你把所有的时间都浪费在写作上面了，可你又真写出什么好东西了吗？区区几页纸，写得糟糕、平淡、没分量。

0 1 2 3 4 你今天已经够努力了。该休息一下了，喝点咖啡，吃顿午餐，喝上一杯。

0 1 2 3 4 你升职的事要低调，这里可是有很多人会在背后捅刀子的。

0 1 2 3 4 你那么有才华，都浪费在这份工作上了，在这儿他们就是不懂欣赏你。

0 1 2 3 4 现在你到了这个位子上，他们对你的期待将会更高。你将无法跟上他们的步伐。

0 1 2 3 4 你是这儿唯一一个知道怎样做好事情的人。

0 1 2 3 4 工作真是一项负担。

0 1 2 3 4 检查你的工作，保证做到完美。

0 1 2 3 4 你要开始出丑了，你什么事情都做不好。

0 1 2 3 4 你是个傻瓜，真以为谁会欣赏你做的东西吗？

0 1 2 3 4 你是他们最好的员工。他们最好留住你，把你想要的都给你。

0 1 2 3 4 这里没人喜欢你，你应该辞职。

0 1 2 3 4 你最好把事业放在第一位。努力工作，否则你将一无所成。

0 1 2 3 4 为什么要去深造？反正你永远不会成功。

0 1 2 3 4 你究竟何时才能找到一份像样的工作，可以为之努力来改变现状呢？

本章小结

本章聚焦于一个问题：实现职业目标的拦路虎是什么？就像在个人生活和人际关系中一样，工作中，我们也同样可能会采取自我挫败的态度。然而，我们常常对此不自知，将失败或错误归咎于外部事件或他人，殊不知恰恰是自己为自己设定了限制。

我们还分析了这些困境背后的破坏性想法。如果我们"听从"了内心的批评声，就会放弃雄心，在硬仗面前转身离开。一旦我们能够理解内心的批评声和反生产行为之间的联系，就可以采取一系列的行动来打破困局。本章介绍的方法和练习可以帮助我们改善工作习惯，发展出以创造性工作表达自己的能力。

对工作的投入程度决定了我们的成就感、满足感和幸福感。事业上的成功可以丰富我们的生活，让我们独立于世，并让我们自由地享受生命中其他领域的精彩。

第四章　如何拥有高质量的亲密关系

在我们的生活中，没有哪个领域像亲密关系那样，如此多地受限于过去设定的程序，体现出消极的宿命。在原本可能带来最大回报的关系中，我们却延续着在原生家庭中形成的身份认同，并在此过程中把爱推远。这种身份认同往往是由消极的幻想和信念组成，源于内心的批评声，改变它会引发极大的焦虑，正是因为这样，很多人才会不惜一切代价维持消极的自我形象。在一段充满爱的关系中与另外一个人亲近，也会让我们意识到生命的宝贵，以及它终将结束。如果我们拥抱生命和爱，那么必须也要面对必然会到来的死亡。

当我们允许自己冒险一次，在一段关系中朝着想要的方向而努力，往往会体验到不同程度的焦虑。但若能面对恐惧，学着接受被爱的感觉，就能守住领地。相反，如果拒绝在人际关系中承担风险，退回到防御的姿态，就会在无意中对那些爱我们、尊重我们的人造成伤害。我们的行为举止会改变伴侣对爱的感受，于是他们看待我们的方式最终会趋同于我们看待自己的方式。但很多人还没有意识到关系中存在着这种重要的互动模式。

本章的目的是帮助你识别那些可能会在亲密关系中引起冲突、疏离或不满的自我攻击。若能识别这些自我攻击、对伴侣的敌意和主观想法，辅以练习，我们就可以打破可能存在于亲密关系中的不诚实的沟通模式，更坦诚开放地与所爱的人交往，促进与伴侣之间更深层的交流。

"如果情感真假难辨，不如给自己幻想的爱"

一段亲密关系失败的主要原因是，双方都将自己内心的批评声及相应的防御行为带进了这段关系中，双方都"听从"了自己内心声音的命令。从某种意义上说，他们的交流都被一种消极的观点过滤了，而这种观点扭曲了他们对自己和伴侣的看法。双方都容易把对方含有爱意的回应推开，并在内心声音的助长下，对自己的愤怒和疏离行为进行合理化。此外，他们还会把自我批评投射到对方身上，就好像批评是来自于伴侣的。

许多人的内心都有一个声音在贬低或嘲笑自己对于爱的追求。我们"听从"这个声音的警告，不敢对别人投入太多感情和关心。例如，当我们开始对一位异性萌生爱意时，可能会想："当心！不要陷进去太深。"或是"为什么你要关心他（她）？"或是"等一下！你真的有那么喜欢他（她）吗？踩下刹车吧，事情发展得太快了。"又或是"你真傻，竟然相信真爱的存在。"有时候，对他人持世故或怀疑态度的那个内心声音，会预言自己将被拒绝或受到伤害："你最终只会被拒绝。男人（女人）们都一个样，他们迟早会抛弃你。他们真的不在乎！"

这些声音看起来像是在保护我们，一旦我们爱慕别人或者相信别人，它就给我们贴上"愚蠢"的标签。可是如果学会忽略它，就会发现它的攻击根本站不住脚，发现"爱别人"这个行为本身就会带来回报，会让我们感觉良好。对伴侣的关心和慷慨，提升了我们对自己的美好感受。

一般来说，导致爱和友情发生恶化的最重要因素就是幻想纽带的形成，当爱和友情已消失殆尽，他们仍依赖于幻想纽带，自欺欺人地想象着彼此依然相爱。理解幻想纽带这一概念，可以帮助我们回答常被问及的问题："为什么这段恋情会结束？"或是"为什么这段婚姻失败了？"

数据显示，约有50%的婚姻会以离婚告终，平均每段婚姻只会持续七年时间，而且大约一半的已婚人士说他们既不满意也不快乐。然而，大部分人仍然把和谐的婚姻视为值得奋斗的理想。为什么在人们的实际表现和他们号称的人生理想之间存在如此巨大的落差呢？一个原因正如在第三章中提到过的，大多数人并非真的想要他们宣称想要的东西。事实上，许多人发现幻想被爱比忍受现实中被爱要更容易。例如，大多数伴侣说他们彼此相爱，然而，如果近距离观察他们，就会发现很难将他们的实际行为和"爱"这个词的任一合理定义联系起来。

那么，为何有这么多人愿意从幻想中找到满足感和安全感，却舍弃本可以由真诚的爱情关系带来的真实的幸福呢？答案就存在于童年时期。正如第一章中所说，每个孩子在成长过程中都不同程度地遭受过情感上的痛苦和焦虑。在一些家庭里，父母无法提供爱和情感，无法提供满足孩子需要、促进孩子发展的方向和指引，于是孩子会形成一种幻想，想象自己处于一个被母亲（或别的养育者）用心照顾的家庭，以此补偿现实环境中的缺失。依赖于这种幻想，孩子会发展出一种完全能够自给自足的错觉，从而可以缓解一部分痛苦、焦虑和饥饿。他们会觉得自己一个人就是一个完整的系统，而这个系统本应由养育孩子的父母和需要帮助的孩子组成。

在孩童时期，被剥夺或被拒绝的程度越严重，就越容易形成这种幻想，相信自己不需要任何人。于是长大之后，会抗拒别人真正的亲密和真诚的爱，不愿意在亲密关系中再次冒险。他们会害怕，因为如果冒险，将又会像最初形成幻想纽带时那样，把自己暴露于让人想要逃离的焦虑、恐惧和情感痛苦之中。因此他们又形成了一种幻想，幻想自己处于亲密和爱之中，幻想和伴侣之间有亲密联结，正如曾幻想与父母的联结一样。我们重复过去的模式，不敢冒险与他人建立真正的关系。似乎很多人都宁愿重复旧模式，而不愿意尝试新模式，因为熟悉的模式在某种意义上是安全的。

总之，幻想纽带最初是想象与父母之间有一种联结，后来扩展到外部世界，表现为成年后对一个人的成瘾性依恋或过度依赖。幻想纽带的马甲是一些能够表现我们"属于"伴侣的迹象，以及可以表示出爱的符号。然而，如果在一段关系中双方都形成了这种想象中的联结，应该就不会有多少真正的亲密、温暖或是感情了。

例行公事的互动

如何判断我们是否已经在某段关系中形成幻想纽带了呢？幻想纽带的存在有哪些迹象？一个早期的征兆就是我们和伴侣之间的互动不再那

么亲密，只是流于表面化和例行公事：眼神交流减少，交谈的私人化程度减弱，更多的是寒暄、拌嘴、替对方表达意见、打断对方，或者用"我们"这个词来说话——"这是我们做事的方式，这是我们的想法"。有些以前可以花上几个小时来讨论的事，现在我们对"说"它和"听"它都失去了兴趣，交谈的自发性和趣味性都在消失。

很多人可能认为，程序化地做爱、自身吸引力和性欲的降低是彼此太熟悉的结果，其实不然。如果伴侣中的一方或双方开始牺牲自己的独特个性，只去扮演"另一半"的角色，那么对对方的吸引力就会下降。

随着幻想关系的发展和真爱行为的退缩，伴侣们试图用"持久的爱"的幻象来掩盖现实中的痛苦，以关系的形式来代替关系的实质。真正的情感早已消退或消失，被日常惯例、仪式和（非自发性的）角色行为等取而代之。双方的所作所为可能是出于责任感，而不是出于真正想要在一起的渴望。

幻想纽带中几乎没有什么真实的个人情感，尽管如此，对于这种幻想关系的威胁，却也会引发戏剧性的情感反应。

戴夫和艾琳的故事

戴夫和艾琳已经结婚十五年，他们之间渐行渐远。在戴夫的记忆中，最早是因为艾琳的生活支出超出预算，他们之间就有了隔阂。这对夫妻的性生活早已不在，双方各自有不同的朋友圈。最终由于债台高筑，他们不得不卖掉房子，艾琳搬去和她母亲同住。为了重新开始生活，戴夫向艾琳提议合法分居。而艾琳则回应说她想离婚。

后来，戴夫跟一位朋友谈到了自己的反应："艾琳一说出离婚这个词，我的心就狂跳不止，脸色都变得苍白。我感到非常害怕，完全不知所措。没有了她我该怎么办？我告诉她我改变了主意，我们应该保持现状。我知道自己言不由衷，但是鬼使神差，我也不明白自己为什么会这么说，为什么会这么激动，而且还感觉很沮丧。从理智上这没法解释，我们已经这么多年都形同陌路了。如果真离婚，我又不会失去任何东西，可是为什么我却感觉无法接受呢？"

戴夫与艾琳已经相互疏远那么久，戴夫有如此情绪化的反应，其实是因为他即将失去这段关系的形式，而非失去那个真实的人——艾琳。这种戏剧化的反应源自因对于爱和亲密的幻想被打破而产生焦虑，却往往被误读为仍然对对方有爱意。

在伴侣承诺要共同生活、结婚或组建家庭之后，这种幻想的纽带通常会被加强。他们用婚姻承诺作为天长地久的保障——这是幻想纽带的外部表征。对于自我形象糟糕的人来说，这种"归属于"另一个人、"永永远远"被爱着的感觉带来了让人难以拒绝的慰藉。与之不同，对心理成熟的人来说，若要承诺终生厮守，那是出于深情，而不是为了寻求终极安全感。

扮演家长或孩子

随着幻想纽带的发展，原本以平等的成年人身份联系在一起的人可能会扮演幼稚、依赖他人的角色，或是家长式、威权的角色。

芭芭拉的故事

芭芭拉在一次伴侣小组讨论中透露了自己在婚后逐渐放弃己见，唯丈夫马首是瞻的过程：

"在我和伦恩的关系中，最痛苦的事情就是我逐渐放弃了自己的观点。我们初识时，我在上大学，正在规划我的职业生涯，我当时对于政治非常感兴趣。伦恩和我会对每一件事情进行长谈——政治、宗教、国际时政。他有非常强烈的观点，我也有鲜明的观点，我真的非常享受我们的讨论。但是在我们结婚之后，或者甚至是在那之前，我开始认为他比我知道得多，他比我聪明，于是我忍住不发表自己的观点，直到后来我已经不知道自己真正的想法是什么了。"

在某些情况下，女人会变得更依赖别人、更孩子气，希望寻求男人的照顾。也有一些情况下，男人会放弃他们的观点，转向女人的方向。不管是扮演孩子的角色还是家长的角色，都不是真实自我的现实反映。扮演家长的一方会否认自己也有害怕和无助，扮演孩子的一方会否认自己也有权力和能力。双方可能会抱怨对方幼稚或专横，然而却不愿做出任何实际性的改变，不愿重回平等的成年人交往模式。任何一方迈向真正的独立，都会打破这种幻想的纽带，并会引发双方强烈的焦虑感。

重塑童年的境况

人类要面对一个很不幸的真相，那就是被爱的一方往往会不由自主地惩罚施爱一方。若有人看待我们的方式不同于我们看待自己的方式，就会威胁到我们的防御系统，动摇我们在生命早年形成的消极自我形象。很多人愿意延续自我批判的态度，不愿被别人以积极的方式看待，逃离被爱的体验以不受其影响，就是因为被爱的体验会改变我们不可爱或不值得被爱的形象。假如仅仅是做自己，就能被欣赏、被喜爱，那么我们在小时候错过了多少理应获得的爱，这何其可悲，令人难过。被爱还会提醒我们生命的脆弱和珍贵，念及未来所爱之人（及自己）必将死去，终有告别，就可以预见难免悲伤。

因为害怕这种脆弱性，许多人从亲密的感觉中抽身而退，然后在不知不觉中逐渐放弃了关系中最为宝贵的部分。当感受到情感、吸引力和友爱，感受到它们与过去所经历的不快和拒绝之间存在差异时，我们就会下意识地试图用防御行为抹去这种差异。

因此，我们看似是在寻求一段恋爱关系，实际在潜意识里，却是试图在现有关系中重建原生家庭的模式。人们会通过三种方法来这样做：筛选、曲解和挑衅。

筛选

我们倾向于选择与自己的父母、哥哥姐姐，或其他家庭成员相似的伴侣，因为我们跟他们在一起时感到很舒服。当我们的防御方式、相处方式与伴侣相匹配时，就会感到很放松。

劳拉和马特的故事

劳拉非常崇拜她的父亲，一位疏远而难以接近的男人。当劳拉在一次聚会上遇到马特，就立刻被他吸引了。她说，他看起来"孤独中带着一点忧伤，而且他眼中梦幻的神情让人无法抗拒"。当他一个人站在阳台时，劳拉走近他，开始和他攀谈。他们俩一见如故，不久就开始稳定约会。起初，他们之间强烈地相互吸引。然而，因为马特更喜欢独自活动、专注于工作，劳拉开始感到被拒绝，性爱也因此受到了影响。她抱怨马特把她拒之门外，而这导致了马特更多的回避，最终这对情侣分道扬镳。在他们刚开始接触的时候，劳拉完全没有意识到马特的疏离行为和她父亲避免亲近接触的风格非常相似。事实上，原本可以提醒劳拉，让她意识到马特更喜欢独处的行为线索，却恰恰成为让劳拉一见钟情、坠入情网的诱因。

那么，马特早期受到的影响又是什么呢？他童年生活中最重要的人是母亲，一位有高度入侵性的女人，她要求了解马特的每一个想法和感受。按照惯例，马特每天从学校回家时，她都要等在门口，坚持让他坐下来告诉她当天发生的所有事情。等马特到了十几岁时，他已经找到了一些方法来避免被她盘问，例如表现得心不在焉、在自己的房间里无休止地学习、模仿他父亲避免接触的行为、避免家庭互动等等。

当马特在那次聚会上遇到劳拉时，他被劳拉的友好态度和对于他的明显兴趣深深吸引。她问了他关于很多事情的看法和感受，而马特对她问到的关于自己生活的问题一点都不反感。不仅如此，她的这种特质还对他特别有吸引力。然而，马特后来越来越讨厌她没完没了的询问，于是开始回避和她的交谈。而他的冷漠只会让劳拉更加渴望得到他的关注。这对情侣变得越来越两极化。他们完全没有意识到，其实他们都各自在这段关系中设置了与自己童年时期相同的模式，实际上，他们都是在重温过去。

客观地回想一下曾经的伴侣，是什么样的个人品质或特质吸引了你呢？他们的某些气质或特征是否与你的父母有相似之处呢？在目前的恋爱关系中，伴侣有没有某种行为或气质曾特别吸引你，而现在却又让你烦恼呢？

曲解

如果选择了一位与父母明显不同的伴侣，就相当于进入了一个全新的、不熟悉的领域。但我们可以通过曲解伴侣来回到熟悉的领域——也就是说，将伴侣错误地感知为与过去生活中的某个人是一样的。

艾伦的故事

艾伦的父亲对她非常严苛，曾挖苦、嘲笑过她。但艾伦在选择伴侣时很幸运。她的未婚夫布鲁斯碰巧很随和、活泼，而且还很有幽默感，从来不对她冷嘲热讽或是评头论足。当布鲁斯向艾伦求婚时，她非常激动。然而，她很快就开始歪曲他对她说过的话，把它们看成是批评和不赞同的表达。在自己的认知世界中，她扭曲了许多布鲁斯对他们之间关系的善意而幽默的评论，并认为它们是讽刺、否定和批评性的话语，然而实际上，这些评论恰恰是在认同她真实的自我。

并非所有的曲解都是负面的。面对生活中新出现的重要人物，我们会试图寻找在父母和兄弟姐妹身上见过的包括消极和积极的特点。通常，我们可能会放大新伴侣身上的某个积极特质，把对方理想化，就如同我们对父母进行理想化一样。此外，因为我们想要被照顾，可能会把伴侣看得比其本身更强大，因而会憎恨他们表现出的任何一点人性的弱点。

挑衅

重建原生家庭环境的第三种方法，就是通过操纵伴侣，唤起自孩童时期就熟悉的行为。有时候，我们甚至会有意激怒伴侣，直到他们大声说出与我们的内心批评声一模一样的话。这些挑衅往往发生在伴侣之间最甜蜜、最温柔的时刻之后，以在关系中制造距离。

多数情况下，我们并没有意识到自己通过这三种防御策略来远离亲密和爱。然而人们的确可能会使用这些方法把新建立的亲密关系，转变成一种与旧环境相匹配的互动状态。这样，在旧环境中发展出来的防御体系就有了用武之地，我们可以从新关系中撤退到更熟悉、更不易受伤的关系模式中。

卡尔的故事

当卡尔还是个孩子的时候，他被家人认为是个不负责任的懒鬼、怪人。他十几岁时在高中担任领导的角色，受到同龄人的钦佩和尊重，然而他的家人仍然视他为古怪的人。成年后，他开了一家很成功的餐厅。后来，他遇到并娶了一位仰慕他优点的女人。然而，随着时间推移，卡尔在管理餐厅上变得漫不经心、不负责任。他的妻子常常气恼于他的消极被动。此时若争吵起来，往往会以妻子骂他是一个"懒惰、一无是处的怪人"而结束。实际上，卡尔在无意识中重建了他过去的境况，重新确认了他在原来家庭中形成的消极但又熟悉的身份。

既讨厌自己又愤世嫉俗

自我贬低和对他人的不信任共同维系着幻想纽带，也支撑着一种幻觉——相信自己不需要任何人，可以自给自足。如果我们不信任他人，或者对自己感觉不好，就会觉得跟人接触是难事一桩，相反更愿意依赖于自身，从事各种自我安抚的活动。例如，我们可能感到花时间独自读书或看电视，比接受朋友的邀请加入他们的社交活动更加放松；又或是不愿主动寻求结识新朋友的机会，而把社交对象局限在一两位老熟人身上。人们对于自己被拒绝的想象、对于人际关系的消极期望，以及对他人不信任的看法，其实都是由内心的批评声及其破坏性的视角所维系的。

一旦一个人依据内心的批评声来行事，也就是基于对自己和世界的敌意来做事，他往往就会在与别人的互动中表现得愤愤不平、扰人招厌。对自己和对他人的消极思维，都支持和维系着幻想纽带，导致人际关系的疏远。例如，一个人如果认为自己有缺陷、不可爱，或者愤世嫉俗、不相信他人，那么就不太可能去追求爱情，或者在一段关系中寻求满足感。假如这个人遇到一位真心欣赏他、爱他的人，他会开始感到焦虑。为什么被爱会带给他不适、痛苦和悲哀？这是因为在爱的关系中，对自己的积极看法与旧有熟悉的消极自我形象冲突了。而在这时，内心的批评声可能变得更强、更顽固，它持续地说"你不值得被爱"，或者转而夸大地指出爱我们的人身上的毛病。

如何获得真诚的爱

如果已经与伴侣形成了幻想纽带，我们可以采取以下几个步骤来打破它，由此重新寻回一些关系初期体验到的友情和爱的感觉。

1.探索你们关系的每个方面，寻找幻想纽带的痕迹。如果你发现了一些迹象，承认它们的存在，不要再回避你们已经疏远、爱情褪色的事实。

2.承认你对自己和伴侣有批评和敌意的内心声音。

3.在尝试恢复关系亲密感的过程中，直面由此引发的痛苦和悲伤。

4.袒露对孤独和分离的恐惧，包括对被拒绝、被抛弃、失去和双方死亡的恐惧。

5.走向独立，尊重对方的目标和价值观。

6.打破支配和服从的互动模式，尽一切努力在关系中建立平等。

练习4.1　识别亲密关系中的自我攻击

你经历过下列的内心批评声吗？圈出这些声音出现的频率。

0＝从不　1＝很少　2＝有时　3＝经常　4＝多数时间

0　1　2　3　4　照顾女人是男人的工作。

0　1　2　3　4　你永远找不到另一个能理解你的人了。

0　1　2　3　4　男人都太迟钝了，他们还固执己见。他们不希望你对任何事情有自己的看法。

0　1　2　3　4　别对他（她）太着迷了。

0　1　2　3　4　你最好满足他（她）的需要。

0　1　2　3　4　不要让他（她）知道你在想什么。

0　1　2　3　4　你总是让步，你没有原则。

0　1　2　3　4　为什么这么雀跃？他（她）有什么了不起的？

0　1　2　3　4　你要吹捧男人，让他觉得自己很重要。

0　1　2　3　4　女人都很脆弱敏感。跟她们说话要很当心。

0　1　2　3　4　他（她）并不在乎你。如果他（她）真的在乎，他（她）会有更多表现的。

0　1　2　3　4　不要独立，让他（她）来主导。

0　1　2　3　4　你的感受和想法对他（她）并不重要。

0　1　2　3　4　你是个小人物，谁会在乎你？

0　1　2　3　4　不要像以前一样搞砸了这段关系。

0　1　2　3　4　他（她）总是和朋友在一起。

0　1　2　3　4　你配不上他（她）。你们不会有结果的。

0　1　2　3　4　你必须让他（她）对你保持兴趣。

0　1　2　3　4　为什么不是他（她）更爱我呢？

0　1　2　3　4　和女人打交道真是个麻烦事。她们幼稚，又爱大惊
　　　　　　　　小怪，而且总是试图控制一切。

0　1　2　3　4　你就是因为太害羞了才交不到新朋友。你和男人
　　　　　　　　（女人）说话时太羞涩、太尴尬了。

0　1　2　3　4　你最好不要尝试找特别有魅力的女人（男人），毕竟
　　　　　　　　你自己长相一般。

0　1　2　3　4　其实一个人更好，这样你就不用再忍受这个混
　　　　　　　　蛋了！

0　1　2　3　4　没有一个男人会和一个女人厮守终老，人们就是不
　　　　　　　　会如此。

0　1　2　3　4　下一次他（她）就会发现你到底是怎样的人了。

0　1　2　3　4　你耳根子软，太容易上当受骗了。

0　1　2　3　4　你最好再去学点东西，找个好工作。这样他离开你
　　　　　　　　的时候你好有个依靠。

0　1　2　3　4　你不配得到爱。

0 1 2 3 4 当然啦，你是个相当好看的小伙子，但是她是你高不可攀的。

0 1 2 3 4 你太自私了。你对男人（女人）的要求（期待）太高了。

0 1 2 3 4 他可真是个蠢货！

0 1 2 3 4 她可真是个泼妇！

0 1 2 3 4 他（她）就是爱嫉妒。为什么他（她）不能成熟一点？

0 1 2 3 4 你被这样对待都是你自己的错。你总是欲求太多，索取太多，要求太多。

0 1 2 3 4 难怪他（她）放你鸽子，他（她）一定是重新考虑之后不想见你了。

0 1 2 3 4 他（她）一旦了解你了，就会知道你究竟是什么样的了。

0 1 2 3 4 你最好装出一副漂亮的门面。先把你的好处亮出来，否则他（她）不会感兴趣的。

0 1 2 3 4 你太敏感了，太脆弱了。你一定会受伤的。

0 1 2 3 4 女人们不会现实地看待生活。

0 1 2 3 4 男人根本不在意感受。他们不在意女人，也不在乎孩子。

0 1 2 3 4 他（她）在认识你以前过得比现在好多了。你对他（她）来说就是个累赘。

0 1 2 3 4 你必须控制好自己，走错一步就要孤独终老了。

0 1 2 3 4 只要弄清楚他（她）到底想要什么，然后照做就好。这样事情就顺利多了。

0 1 2 3 4 你最好要找一份好工作，挣很多钱，这样就可以养活她（他）了。

0 1 2 3 4 他就是个失败者，他没有未来，不要跟他扯上关系。

0 1 2 3 4 不要表露你的情感，别让他（她）知道你真心在意，酷一点。

0 1 2 3 4 没有人会需要你，你一定会孤独终老的。

0 1 2 3 4 他（她）并不是真的在意你。

0 1 2 3 4 他（她）真正在乎的其实是他（她）的独立。而你呢？你在他（她）的生活中处于什么位置？

0 1 2 3 4 你们不会相处得好的，你样样都不行。

0 1 2 3 4 女人们从来不能直截了当，而且想法多变。

0 1 2 3 4 你要对她（他）的感受负责。如果她（他）生气了，那就是你的错。你会被指责的。

0 1 2 3 4 你必须找到一个男人，然后控制他，因为你需要他好好照顾你。

0 1 2 3 4 反正你也不是有趣的人，何苦找话说？

0 1 2 3 4 你反正也不需要爱，你很强大。

0 1 2 3 4 让他（她）感觉到他（她）是很重要的，而且你需要他（她）。

0 1 2 3 4 为什么他（她）不为这段关系再多付出一点点？

练习4.2 亲密关系中的你：内心的批评声和真实的你

在页面左侧写下你在亲密关系中经常体验到的内心批评声。在页面右侧记录下对你自己更现实的看法。

内心的批评声对亲密关系中的我说了什么

_____

_____

_____

_____

_____

_____

_____

_____

_____

_____

_____

如何更现实地看待亲密关系中的我

_____

_____

_____

_____

_____

_____

_____

_____

_____

_____

_____

练习4.3 亲密关系中的伴侣：内心的批评声和真实的你

你可能看不惯伴侣的某些方面，对此颇有腹诽。在页面左侧记录下这些内心批评声。这些看法往往放大了他们的缺点。如果大声说出来，语气中可能带着嘲讽和挖苦。下一步，在页面右侧写下对伴侣更真实客观的看法。你可能会注意到，随着写下更积极的看法，你对伴侣的嘲笑讥讽也自然会减少。

对于伴侣，我内心的批评声说了什么

如何更现实地看待伴侣

_____ _____

_____ _____

_____ _____

_____ _____

_____ _____

_____ _____

_____ _____

_____ _____

_____ _____

练习4.4 亲密关系：内心的批评声和真实的你

　　在页面左侧写下你对于亲密关系或与婚恋相关问题的负面看法。这些观点从何而来？是来自于生命早期的经历，还是来自于父母间彼此的关系？来自于媒体上的宣传，还是对身边已婚朋友的观察？下一步，记录下你对当前亲密关系更为现实理性的考虑。

对于这份关系，内心的批评声说了什么　　　　　　　　　　如何更现实地看待这份关系

_____　　　_____

_____　　　_____

_____　　　_____

_____　　　_____

_____　　　_____

_____　　　_____

_____　　　_____

_____　　　_____

_____　　　_____

_____　　　_____

祖露对自己的消极评价

当我们渐渐习惯于记录关于自己、伴侣和关系的消极思维后，可能想要与伴侣分享。显然，时机很重要——伴侣需要保持开放的态度来倾听我们对其的消极想法，我们需要向伴侣保证，这些声音并不代表真实的看法，而是反映了早年学到的敌对态度。我们需要尽力去除攻击中嘲讽或挖苦的语气，以一种非戏剧性的方式来表达这些声音的内容，同时要对倾听者保持敏感。

伴侣之间可以好好交谈一番，轮流说出内心的自我攻击和对于对方有敌意的观点，轮流倾听。试着以一种不带责备的方式祖露内心的批评声，也不要把伴侣的表达当作是对自己的攻击。在相互吐露自我攻击和对对方的怀疑看法的过程中，我们可以发展出以理解同情之心去彼此倾听的能力。

大部分人听到伴侣说出对自己的负面评价时会感到松了一口气，而不会认为受到了人身攻击。因为这正是对方一直表现出来、但没有直接说出来的态度。换句话说，伴侣中的一方或双方早已经在承受这些攻击的折磨了。然而，倾听彼此表达怀疑失信的态度，给双方一个机会对这段关系发展的实际情况形成清晰的认识，摆脱困惑的状态，我们就可以开始理解，促使伴侣产生某些言行的原因不在于自己，而在于伴侣将自身过去的生活投射于现在了。

如果对与伴侣谈论还有所顾虑，与朋友交谈将是很好的替代。可以每周至少两次与一位值得信赖的朋友进行十分钟左右的交谈，向他祖露一些我们对于自身和伴侣的内心批评声。将内心的批评声外化，使破坏性的思维内容暴露在光天化日之下，不得不接受现实的检验。这样做的结果很可能是，我们会发现对于自身和亲密关系的消极思维大都是不准确的，甚至是荒谬可笑的。

当然，并非所有的自我攻击都是错误的。但即便有些是事实，也不至于招致与自我批评相伴的、如此强烈的敌意和恶意。所以，即便自我攻击中反映了一些客观现实，还是必须要把隐藏在自我攻击背后的极端敌意的态度与自我攻击的内容分割开来。例如内心的批评声如何评价自己的缺点？那么，一个客观的观察者会怎么说呢？朋友又会如何说呢？

珍视那些被爱人欣赏的特点

找出在恋爱过程中可能发生的任何保留行为。对于爱人特别欣赏的某些特点或行为，比如美貌、善举、慷慨、热情和性魅力，我们可能会下意识地想要有所控制和保留。这样的例子真是不胜枚举。

例如，一位男士告诉他的新婚妻子，她留着长发非常漂亮，他特别喜欢她的头发披在肩头的感觉。一周后，她冲动地跑去理发店，把头发修剪得特别短。当晚她和丈夫一起吃饭时，丈夫满脸震惊，愤怒失望，妻子见到丈夫的反应竟然还一头雾水。

在亲密关系中，我们一定要避免采取这些保留行为，这会激发伴侣的愤怒。在帕特里夏·洛夫和桑尼·舒尔金合著的一本很幽默的书《如何毁掉一段完美的关系》中，列出了一些常见于亲密关系中的保留行为。（不用说，我们的目标是杜绝这些行为，最好能做出与之相反的事情。）

养成迟到的习惯。非常吝啬于表扬和赞美。隐瞒信息。让你的伴侣从其他人（比如你的母亲或秘书）那儿听说重要的细节。不要做爱（做到这一条，你就能得到额外奖励）。

永远不要让他（她）看到你的微笑。把对方给你买的礼物卖掉。拒绝所有的赞美。永远不求助。拒绝所有解决问题的尝试。

控制一切事情和所有人。牢牢坚持这个信念："如果你爱我，就自然知道我想要什么。"当你的伴侣试图取悦你时，要对他的努力吹毛求疵。不履行承诺。把真实的想法和感受留给自己。

当伴侣生病或受伤时，忽略他。关注电视多过关注你的伴侣。平淡度日，不要说友善的话语或表现出爱的姿态。以抑制快乐为乐。从你的词汇表中删除"我爱你"。拒绝关注伴侣的示爱。

拒绝伴侣的性暗示，放弃性。下定决心你就是无性之人。让激情去死。答应他做爱，但绝不兑现。对性欲缄口不提，期待伴侣知道你心中所想。

最后，终结亲密关系的"金句"：

——实话告诉你吧，我其实真的不喜欢触碰感情。

——我爱你，但是并未与你相爱。

——在假期，我需要一个人待着。

学着示弱

"单方裁军"可以缓和不断升级的争论。伴侣之间带着怒气的沟通通常都会从轻微的意见分歧，升级为露骨的敌意和言语辱骂。但在很多情况下，在让人后悔的中伤言辞脱口而出之前，打破指责和反指责的恶性循环还是相对简单的。当我们意识到意见之争正在演化为意气之争时，最好的办法就放下手中的武器，把手伸向对方，说一些温暖的、理解性的话，表示对错不重要，或者用身体语言表达亲密。

一般来说，在争吵中主动表达关心的积极态度能有效地解除对方的武装，对方可能会因为我们努力和解的态度而感动，于是敌意一般会很快消散（正所谓孤掌难鸣）。单方面解除武装，并非意味着我们要放弃自己的观点，或是一定要听从伴侣的观点。它只是表明：与观点的对错高下相比，伴侣间的亲密更可贵。

为关系设定目标

要记住，我们在亲密关系中有着相当大的权力。虽然我们没有权力去改变伴侣，但是有权力和能力去改变自己。改变由自己内心的批评声所驱动的行为，就可以改变亲密关系中的动力格局。

珍妮特的故事

　　珍妮特决定与丈夫更亲近一些。几个星期以来，她的行为都与这个目标相符。她对丈夫有了更多的理解和共情，特别是当他在压力状态下时。有一次，在丈夫卡尔出差三天回来后，她中午给卡尔打电话，提议去市区度过一个浪漫的夜晚。卡尔回答说，他当天会很忙，因为刚刚出差回来，更想要在家里享受一个安静的夜晚。珍妮特又失望又生气，觉得卡尔不仅仅是拒绝了她的提议，也拒绝了她这个人。她告诉自己："如果他真的在乎你，一定会想要和你一起度过一个浪漫的夜晚。他就是不在乎你，也不会欣赏你为他所做的一切！"

　　在那个下午，这些负面的想法让她对丈夫感到心灰意冷。她不想表现出任何热情，也不想显示自己的脆弱，想收回对他所有的期望。不过最终，她恢复了理智。她意识到，如果听从了内心的批评声，按照自己的冲动行事，她的行为就违背了那个想要与丈夫更亲近的目标。她决定有意识地改变自己的恼怒和心灰意冷，在卡尔回家时对他敞开心扉，看看会发生什么。从卡尔进门的那一刻起，珍妮特就表现得爱意满满。这对夫妻在交谈中度过了一个浪漫的夜晚，之后的做爱似乎也充满温情。珍妮特忽然意识到，如果当时听从了内心的批评声，这个夜晚应该会完全不同。

练习4.5 为关系设定的目标

　　在上半页，写下你为关系设定的目标。在下半页，写下为实现这些目标需要采取的行动。追踪实现目标的过程，如果你发现自己不能一以贯之，千万不要气馁。每个人在压力之下都会退回到旧有的行为模式中。

我为关系设定的目标：

_____

_____

_____

_____

_____

需要采取的行动：

_____

_____

_____

_____

_____

在内心深处，许多人其实都害怕真正的爱和亲密，这使得我们在关系中感到不满、不快和困惑。恐惧的根源存在于幻想纽带之中，这是在生命早期形成的防御。我们把这种保护自己的方式带到了成年时期，而时过境迁，这套方式已经不合时宜。在了解这一点之后，如果能识别和挑战那些激活幻想纽带的内心批评声，我们就有望发展并维系一段充满爱的关系。

如何保有激情

性是人类经历里重要的一部分，也是生活的强大动力。它有创造强烈快乐和满足的潜力，也能造成许多痛苦和伤害。人类的痛苦有不少都集中在性问题上，集中在人们试图获得持续的性满足时遇到的困难上，尤其是在私密的个人关系中。

对于自己身体的感觉、对于自身性别身份的接受程度，以及与性有关的经历，会在很大程度上影响一个人的幸福感和自尊感。在性方面的健康程度将反映在我们的活力水平和整体外观上。人的自然性欲如果受到干扰，会产生严重的后果，影响生活的许多方面，包括那些与性生活看起来相关不大的活动和追求。在亲密关系中，充满爱意的性接触和真诚的情感结合在一起，有助于一个人整体的心理健康，这也是许多人努力追求的理想状态。

然而，如果我们通过内心批评声这一扭曲的镜头来审视自己，可能就会对生命中这一自然而快乐的部分感到羞愧。大部分人在童年时期就或多或少学到了不正确和不健康的性观念，通常人们不会意识到，作为成年人，自己对于性的看法依然受到过去的经历和一些破坏性念头的影响。

例如，你是否曾想过，为什么在这个性意识觉醒的时代，仍然有许多人认为直接谈论性是不妥的？为什么许多人一听到这个话题就紧张地笑起来？为什么关于性的笑话被认为是下流的？为什么我们的性取向是一件保密的事情？时至今日，尽管社会对于有关成年人的性话题的接受度已经有所提高，但许多人仍然对性持有扭曲的看法，这让他们有时会在某些关系互动中感到尴尬或糟糕。

关于性的两种态度

性对一个人的自我意识，以及是否有能力享受一段成熟而长期的亲密关系，发挥着积极或消极的影响。它的影响在很大程度上取决于我们如何看待性，如何看待自己的性别。正如我们对自己、对伴侣、对亲密关系有着两种截然不同的观点一样，我们对自己的身体、对自己付出和接受爱和性满足的能力方面，也持有两种相反的观点。

从一种健康、"干净"的观点视角来看，性是感情的自然延续，而不是独立于亲密关系的其他部分。做爱是一种重要的交流方式，一种给予和接受快乐的方式。当我们这样思考性时，我们的性接触可能是好玩的、有趣的、感性的、富有情感的、深情的、认真的、自在的，或是这些的组合形式，具体取决于我们的心情。

然而，从一种不健康或"肮脏"的角度来看，性是应该被隐藏或保密的活动；人的身体被看作是可耻的，而那些与性功能有关的部分被赋予了肮脏的含义。从这个角度来看，性完全独立于生命中的其他活动，它不是一个适合交谈和讨论的话题，特别是对孩子来说。

理性上，我们都同意性功能是人类一个简单而自然的部分。但是，在情感层面上，社会中几乎每个人都对自己的身体保有一种羞耻的感觉。这导致了各种各样的性问题和对于性的恐惧，这些问题按照程度的轻重分布在一条渐进连续带上，有的性质轻微，有的属于严重失调。我们从父母、亲戚、同辈和社会中获取的对于性的扭曲态度，常常会对性行为和亲密关系产生严重的影响。这些态度以内心批评声的形式表现，可能在性体验的任一时刻入侵我们的思维。这些消极思维会损害我们从两性关系中最亲密的部分获得满足的能力。

谁影响了我们对性的态度

父母的影响

人们对于身体的感受体现了对于性的感受。很明显，婴幼儿很享受自由的感觉，对于赤身裸体完全没有意识。然而当他们到了五六岁的时候，大多数孩子会因为没穿衣服而感到尴尬。许多孩子从父母那儿学到了对于裸体和身体的基本态度，从而加强了与自我意识相关的感受。

我们对于性的消极态度通常反映了父母对于性、对于彼此、对于男人和女人的看法和感受。即使父母可能在理智层面对于性有正确认识，但在态度的情绪层面却可能是消极的和扭曲的，而这一点会不可避免地被我们捕捉到并学过来。通过观察父母，我们可以看到他们是如何对待彼此，他们的互动是深情而温暖的，还是冷漠而疏远的。

在许多家庭中，父母很少表现出性的迹象，很少以某种方式向孩子表明他们享受积极的性关系。可能很多人都记得父母分床睡或分房睡，一些父母不愿意在孩子面前表现得亲热，也有一些父母会开一些黄段子，或是嘲笑那些在公开场合卿卿我我的情侣。

在一些家庭里，家长常见的互动方式过于性感。这样的家庭，其实和对于性有诸多限制、严格压抑的家庭一样具有破坏性。

凯西的故事

凯西记得，从小时候起，她脑海中的一切东西都带有性的色彩。父母谈到与性有关的事情时毫无顾忌。

"我记得小时候家里有一本书是《我从哪儿来》，还有另外一本名字好像叫做《如果你给我看你的，那我就给你看我的》。

"我觉得在我家里，一切都与性有关，真的是一切！我认为我就是被那样对待的。记得爸爸妈妈带着全家去野外，爸爸给妈妈拍摄裸体照片，其中一张挂在客厅里，照片只露出她肩膀以上的部位，但是我觉得这张照片很有趣。其实她在照片之外的其余部分都是裸着的，这件事对我来说就像是一个秘密。

"我觉得男人和女人之间的所有互动都是与性有关的。我知道这是我父母的感受，也是我的想法。我从来没有想到过友情、友谊或者单纯的爱情。性是开始也是结束——它是生命中唯一的东西，这就是我看待事物的方式。"

虽然许多家长说孩子"应该"学会对性的健康态度，但是却很少在公开和私下场合与孩子讨论性；一些父母不允许他们十几岁的孩子参加性教育课程，担心他们会受到错误的影响而发生性行为，或认为这些课程只会教授禁欲，而不包括关于节育的知识或是关于防御疾病的内容。在过去的五十年间，人们对于手淫的态度已经发生了很大的转变，但是许多父母在发现孩子自慰时，他们情绪层面的反应仍然十分戏剧化。父母对于自慰的过度反应会让孩子感到内疚。于是，孩子们学会了对这种行为遮遮掩掩。

正如孩子们喜欢探索自己的身体一样，他们同样喜欢探索、触摸彼此。对于性别差异的天然好奇心，使得孩子可能与兄弟姐妹或玩伴玩与性有关的游戏（例如"医生与护士"），父母通常会因此责备孩子。然而，孩子们对于自己身体和性的兴趣只不过是成长过程中正常的一部分。父母可以用简单的语言告诉孩子，他们对自己好奇是很自然的。但同时也要指出，在公开场合以好奇心行事是不被允许的。父母们冷静、不带偏见的态度将有助于孩子发展出健康的性观念，包括对爱和友情的感受。

社会的影响

一个人在性成熟阶段习得了扭曲的性态度，千万个这样的人汇聚起来，就会影响到文化态度和社会习俗。社会制度、规则和禁忌再以负面社会压力的形式作用于每一个社会成员。这些文化态度和标准侵入到日常生活的方方面面，常常会对与性有关的事情产生负面影响，也往往对孩子的同伴关系造成破坏。

琳达的故事

在一次关于性的社会态度研讨会上，琳达讲述了她的行为如何被同伴误解和嘲笑，她和一位男同学的友谊如何被赋予肮脏的含义：

"我在四年级的时候，非常喜欢一个男孩，我们是很好的朋友。我们做所有事情都在一起，非常要好。有一天，我们决定要亲吻对方。但是这件事对我们来说很重大。

"那天，我们骑着他的自行车来到了一片树林，坐到一个大沙坑的旁边。我们都非常害羞，所以就只是谈论亲吻的事情，讨论到底要不要这样做。但是当时有几个同校的男孩正好在树林里，他们听到了我们的对话。于是他们走出树林，开始嘲笑我们，说我们要有性行为了。我记得我们俩都因此感觉很受伤。于是我们骑上他的自行车，他把我送回家，我记得他还哭了。我感觉很糟糕。

"然后到了第二天，这些男孩就在学校里大谈特谈我们俩。我无地自容，感觉自己要被羞辱致死，而他也是一样。但最糟糕的事情却是，从那时起，我们就再也没有说过一句话。我们一直是同学，经常会看到对方，这让我们十分痛苦。我甚至在高中毕业舞会上见到他，但是仍然相对无言，什么也说不出。

"现在一想到这件事，我脑中就会浮现出他在回家的路上流泪的样子，他的感情受到了伤害。这看起来是一件小事，但非常糟糕，我们从那以后再也无法交谈，甚至无法看对方一眼。"

家庭所承担的一项重要功能就是教孩子适应社会，教会他们身处其中需要遵循的文化标准和习俗。但是，许多家长在试图向孩子传递良好价值观时，却不理解孩子对于性的最初体验，对孩子有关性的言论也不敏感。

罗纳德的故事

在一场研讨会上，罗纳德讲到母亲的一番话是如何让他感到难为情，又如何影响了他成年后的亲密关系的：

"我一直都特别害羞，所以上中学的时候，我都不怎么约会。但每当我真的约女孩出去，妈妈总会在我出门前说'不要做任何会让我在九个月后多个包袱的事情'，或类似的话，暗示我不要让那个女孩怀孕。

"于是我就变成了这样，几乎无法开口提出约会。一想到要在约会中亲吻女孩，我就觉得很怪异，因为我从小就被警告不要做任何可能会让女孩怀孕的事情。哪怕我当时能够清楚地意识到，我妈妈说的话是多么荒唐可笑。

"但不知为何，这确实影响到了我，上大学后，我开始有一些亲密关系，在第一次尝试和女人做爱时我感觉特别困难，甚至都没有勃起，只是勉为其难地完成了性交的行为。我真的认为，母亲的话在某种程度上抑制了我的正常性欲，我没法自然地认为对女人有性欲是可以接受的，而不是罪恶的。就是这么简单的一句话，而且只是为了开玩笑而随口说的一句话，我之后甚至都根本没有意识到对我有什么影响的一句话。"

显而易见，在童年和青少年时期经历的许多事件，都使我们对自己的身体和性的看法往扭曲的方向发展。这些不健康的态度使性变成充满焦虑和痛苦的人生体验。尽管这些年风气渐开，人们可以更诚实地谈论性，情况有所好转，然而伤害仍然存在。

内心批评声的干扰

内心的批评声可以看作是不健康的性观点的代言人。这种声音迫使人们否认自己的快乐，放弃天然的欲望和意愿，并遵守从童年早期学到的禁忌。与性有关的声音的攻击不但直接针对我们，也同样针对我们的伴侣。例如，一位女士说她会告诉自己："他（丈夫）怎么会还认为你有吸引力？你变胖了，也不年轻了。"她对丈夫也有消极的想法："他对性不再感兴趣了，晚上就直接睡着了。即便愿意做爱也只不过是在例行公事。"这两种消极的观点（对自己和对伴侣）都会减少我们的性欲，导致我们压抑自己的感情，对性反应也有所保留。

人们在性爱过程中会体验到多种不同类型的声音：批评自己的身体、批评性行为、批评动作的方式、批评自己和伴侣的兴奋程度等。这些自我挫败的想法会让我们把性看成是一场需要评判的表演，而不是情感和魅力的自然延续。

练习4.6　关于性的批评声（一）

圈出你体验到的以下内心批评声的频率。如果你愿意，也可以拿给你的伴侣填一填。

0＝从不　1＝很少　2＝有时　3＝经常　4＝大多数时间

0　1　2　3　4　性一直是个麻烦事，为什么要多此一举呢？生活中有更重要的事情要做。

0　1　2　3　4　他（她）总是有借口不想做爱。

0　1　2　3　4　你最好盯着他（她）。他（她）可能会出轨。

0　1　2　3　4　下一次他（她）就会知道你的真面目了。

0　1　2　3　4　你的胸部太小/大了。

0　1　2　3　4　你的阴茎太小了。

0　1　2　3　4　性是年轻人的事情。你太老了，不适合。

0　1　2　3　4　你可能会怀孕的（你可能会让她怀孕的）。

0　1　2　3　4　你怎么知道他（她）说的艾滋病检测结果是真的?

0　1　2　3　4　你总是让步。你没有原则。

0　1　2　3　4　他（她）那么冷淡，没有回应。

0　1　2　3　4　他（她）现在很可能正在背着你跟别人有一腿。

0　1　2　3　4　他（她）很可能对所有约会对象说同样的话。

0　1　2　3　4　他（她）并不知道该如何抚摸你。

0　1　2　3　4　你如何知道她高潮了? 这对她来说很可能是一次很
　　　　　　　糟糕的体验。

0　1　2　3　4　所有男人都对性感兴趣。他们不喜欢感情上的
　　　　　　　承诺。

0　1　2　3　4　你还不够勃起。你不会让她满意的。

0　1　2　3　4　他（她）再也不会给你打电话了。这对于他（她）
　　　　　　　来说是一次可怕的经历。

0　1　2　3　4　他（她）不关心你的性需求。

0　1　2　3　4　女人对于性很狡猾。她们只是想要把你套进婚
　　　　　　　姻里。

鸵鸟心理：为何我们总是害怕与逃避

根据人们的自述，最常体验到的内心声音是出于自我保护的警告，要求自己不要与他人发生性关系或情感上的联系。当人们想要对这段关系做出更坚定的承诺时，通常就会听到内心的批评声在警告他们："当心！别迷恋上他（她）。如果他（她）在跟你做爱之后想要分手怎么办？那你的感觉就会很糟糕啦。"

我们甚至在性爱情境之前就会听到内心自我警告的声音。例如，由于艾滋病已经成为了一个需要严肃对待的问题，我们可能会在考虑开始一段新的性关系前，告诉自己："如果他（她）没有告诉你接受艾滋病检验的真相呢？如果他（她）的安全性行为标准比你的低呢？你怎么知道你可以真的信任这个人？"

男人们常常担心伴侣会怀孕，他们告诉自己："你怎么知道她是否真的像自称的那样在吃避孕药？万一她就是想要怀孕呢？你凭什么认为她值得信赖？"

如果伴侣凑巧有些迟疑，或是缺乏热情，我们可能会做出消极的反应或是想要逃避性生活。

吉姆的故事

吉姆发现自己和新女友在"准备要从客厅进入卧室时"感觉很尴尬，他默默批评自己太过于主动："你凭什么以为她有兴趣跟你在一起？你只是在强迫推进你们的关系，进展太快了。你可能考虑欠周。"说出这句内心批评后，吉姆继续说："有时候，一旦我觉得女朋友稍微有点犹豫，这些自我攻击就会被触发。我也不知道究竟是哪种情况，是因为我自己尴尬，没有正确解读她的意思，还是她自己也不好意思。但是无论是哪一种，在那时我就开始感觉窘迫不安，即便是我想要与她做爱。"

随着人们年龄增长，许多人用年纪作为限制自己做爱频率的借口。例如，他们可能会这样告诉自己："你这个年纪的人不需要那么多性生活。你应该安定下来，享受其他的事情。毕竟，性不是你现在生活里最重要的事情了，你有工作、朋友，有那么多事要忙。性是年轻人的专利，不是你的。"

许多上了年纪的中年男人报告说，当他们对一个女人产生浪漫情愫或"性趣"时，会听到内心声音告诉他们："最傻不过老来傻。"有时候，年纪大的女性会告诉自己："你太老了，身材走样，满脸皱纹。他怎么还会觉得你有性吸引力呢？"

这些想法屡见不鲜，而且也获得了社会态度的支持。一位五十岁年纪的女士在一次例行体检中被妇科医生问："你现在多久做爱一次？"在这之后的几个星期里，消极的想法不断就她和丈夫做爱频率的问题展开攻击："你认为你还能这样保持多久呢？在你这个年纪，性生活太活跃了可能不太好。你有点奇怪和不正常，你不觉得吗？"

在性爱过程中，许多人脑海中会闪现一些消极思维，对其兴奋感受和性反应产生负面影响，有时甚至会使做爱行为停滞。

对自己外表和身体的自我贬低，常常会干扰性爱中的流畅感觉。例如，许多女性会因自己的胸部感到丢人，比如"你的胸太小了""你的胸太大了，而且形状不好看""你的胸部看起来好奇怪，甚至不能穿泳衣，看起来太不正常了。他凭什么会想要触碰呢？"或者，她们会对自己的生殖器区域有一些想法"你的阴道太松了""它有一种难闻的味道""别让他碰你那儿，可能会不干净""不要口交，他会很反感的"。

出于同样的原因，许多男人对自己阴茎的尺寸很不满意，他们告诉自己："你的阴茎太小了，可能不会让她满足。你撑不了多久。你不像其他男人那样有男人味。"有意思的是，被自我批评最多的那个部位，恰恰也是伴侣不愿触碰或者不喜欢的。似乎在潜意识的层面上，内心批评声会输入到性伴侣心中。

在做爱的过程中，我们还可能会在兴奋程度方面产生消极思维："你不够兴奋，你不够湿。""你不够勃起，你不会有高潮。"或者，我们可能会对自己取悦伴侣的方式或能力做出自我攻击："你动得太多了。他会觉得你是个荡妇。""你在伤害她，你进入她太早了。她还没有准备好。""你抚摸他（她）的方式不对。你对他（她）喜欢什么一点都不敏感。"通常人们会有这样的想法，比如"你总得想办法度过这段时间"。这种对于自我表现的关注，会使得性爱的感觉很机械，没有情感。

可能有许多人会在做爱结束之后回顾自己的性体验。此时，有些人即使感觉良好，也会遭遇一连串内心批评声的攻击。矛盾的是，那些有过特别令人满足和充满情感意义的性经历的人，往往听到内心的批评声在悲观地预测未来将会怎样。这些想法贬低了伴侣双方，也贬低了他们的性体验。女性在经历了一次满意的性体验之后，常常会听到以下的内心批评声：

"所以你真的感觉很好吗？那又怎样？你以为你能一直有这种感觉吗？算了吧！你下一次就可能会紧张有压力的。"

"你感觉真的很好？那又怎样！事后他看起来可没有多好。这对他来说很可能是一次可怕的经历。你这么热情，很可能会把他吓跑。"

与此同时，许多男人的内心批评声会是下面这些：

"她结束后看起来好像不太开心。你怎么知道她高潮了？她有可能是装的。"

"这一次你很幸运。不过，等着吧，下一次她就会发现你在性上到底如何了。"

当内心批评声侵入性爱过程时，我们常常试图忽略它，只想着专注于完成性行为。然而，这种解决方式往往会导致我们与伴侣在情感上更加疏远。相反，此时停下来谈一谈这些想法是可取的——像第四章里描述的那样，把这些想法不加责怪地告诉伴侣。在这种情况下，表达内心批评声时保持身体接触很重要。换句话说，试着不要让内心批评声的攻击干扰到拥抱和亲密。由此，最初的兴奋、吸引力和性欲可能会回归，伴侣就可以继续做爱。无论如何，我们都将体验到感情的复苏，我们会在情感上与伴侣更加亲近，而不是更加疏远。

艾伦和乔治的故事

结婚一年以后，艾伦和乔治的性生活开始出现问题。早些时候，这对夫妇在一个研讨会上学会了在交谈中袒露内心批评声的技巧。一天晚上，在他们刚开始做爱时，艾伦注意到自己的兴奋感被打断了。于是她决定用在研讨会上学到的方法，向乔治分享当前的感受。她说：

"你知道的，我和你在一起时很兴奋，也很有性欲，但是后来我开始感到害怕。所以我想要停下来一分钟，告诉你一些我的想法。我开始想'你好像不太舒服，有什么问题吗？'然后我开始冒出一些念头。我知道这听起来很荒唐，但是我在怀疑你是否真的想要和我在一起。我知道自己这么想不对，但是我想要说出来。我听到一些内心批评声说，'他不想和你在一起，你不是他想要在一起的那个人，他真没觉得你有那么好，他对你没有任何感觉'。"

最后一个念头如此荒谬，完全与现实不符，以至于将它说出口来让艾伦感觉很不舒服。

乔治告诉艾伦，他很高兴她提出要谈谈，因为他也开始感觉自己的激情被阻断了。

"我刚才感觉也不太好，于是想：'发生了什么事？她很好，她看起来很兴奋。一定是你的问题。你最好快点重回轨道。再动快一点，赶快结束，但是不要让她知道你的问题，而且也不要让她觉得自己有问题。'"

当艾伦和乔治相互吐露了自己内心的批评声，分享了各自的感受之后，他们感到彼此之间非常亲近，然后开始继续做爱。

练习4.7　关于性的批评声（二）

　　在页面左侧，记录下你所经历过的关于性的内心批评声。在页面右侧，写下你对于这些念头的更为现实理性的想法。

内心的批评声

更现实的想法

做爱前

做爱前

_____

_____

_____

_____

_____

_____

_____

_____

做爱时

做爱时

_____

_____

_____

_____

_____

_____

做爱后

做爱后

_____

_____

_____

_____

_____

_____

_____

_____

性也可能是有害的

伴侣的情感亲密程度因每个人的经历不同而千差万别，正如有两种截然相反的看待性的方式一样，伴侣之间的性关系也有两种不同的状态。这两种状态可以被看成是一个连续体的两个端点。一端是健康的关系，包括真诚的情感联系，是两个人之间爱、温柔和陪伴的延续；处于另一端的伴侣双方只是用性来缓解紧张或是切断感情，这样的性体验可能会疏远两人间真正的亲密和情感交流，使得伴侣把性作为一种向内自我满足的机制，并依赖于此，从而限制了两人真正的联结。

当性体验是感情的产物时，它是最令人满足的。在做爱时，不管在哪个时间点，从亲密的情感接触转变到自我满足，都会损害双方的幸福感。许多人报告说，在经历过那种不以亲密联结为主导的性体验后，他们会感到空虚、不满和易怒。

这两种状态的区别并不一定会反映在关系的稳定性、时间长度或深度上。相反，最重要的是双方都意识到对方是个独立的个体，而不是一个用来满足自己的工具。无论何时，只要使用性来控制、显示权力、情感操纵、获得安全感或是自我安慰，都会对双方造成危害。

这里有一些信号可以提示我们可能正在切断亲密感、转向缺乏个人情感的性关系状态：抑制性反应、控制性行为和伴侣、过分依赖幻想来提升"性"致、性爱前和过程中存在消极思维（如前所述）。

① 性压抑

有时候，我们可能会发现自己抑制或是保留了我们本能的性欲和相应的表达，比如身体上的爱抚和触摸。正如第三章中指出的，保留行为的很多模式都是无意识的。如果对性反应有所保留的情况长期存在或成为习惯，它就会抑制我们自然体验到的兴奋感和吸引力。

②控制

自发的性互动和性亲密，对性压抑者意味着威胁。因此，他们可能会试图调节或是计划性行为的各个方面——他们规定做爱的频率、时间、地点、条件、动作、姿势和表达感情的方式。控制性行为的这些方面可以减少他们的恐惧，让他们感到更安全。大多数人的恐惧反应都是在潜意识中产生，在感受到焦虑或恐惧之前，退缩行为就已经启动了。

斯蒂芬妮的故事

在性压抑和控制方面，斯蒂芬妮的婚姻就是一个典型而不幸的例子。出于恐惧和不安全感，斯蒂芬妮在婚后不久就开始压抑情感和其他积极反应。与此同时，她试图控制婚姻的许多方面，在控制性关系上的努力尤其明显。

她的丈夫拉尔夫喜欢从妻子那儿寻求肯定，所以逐渐屈服于她的控制手段，放弃自己的观点。由于被拒之门外，他对于斯蒂芬妮的爱和情感变得饥渴又绝望。随着时间流逝，拉尔夫变得更加被动、绝望、缺乏魅力。为了取悦斯蒂芬妮，保持关系稳定，他放弃了自己的愿望。这对夫妻最终还是分开了，后来在治疗中，斯蒂芬妮试图反思导致他们婚姻破裂的因素：

"在我们刚结婚的时候，内心的批评声就开始攻击我那些与性有关的事情了，比如'不要那么激动，不要主动，不要动来动去'。但是后来内心攻击转向了拉尔夫。这让我很难受，因为我知道这是在支持他对于他自己的消极看法。最终，我开始讨厌他的触碰。我有这样的想法：'他的抚摸让人感觉不舒服，太温柔了。他不是个强大的男人，太软弱，所以你怎么可能对他有性欲呢？这样吧，你今晚和他做爱，那么明天你就不用和他上床。反正他也已经习惯于此。完成他的期望，你就可以放松了。所以最好赶快结束，让他赶快满足偃旗息鼓吧。躺在那儿别动，随他做什么。这是他想要的，他觉得开心就好。你只是配合一下他，就不要有什么感觉了。'

"我现在意识到是自己认为他软弱，我的看法影响到他的自我感觉，然后他那种不自信的状态使我对他更没兴趣。我非常内疚，在某种程度上，是我把他变成了一个我无法再爱的人。我怨恨拉尔夫允许我控制他，尽管这是我一直在做的事情。"

当治疗师问她为何这么没有安全感时，斯蒂芬妮说：

"是这样，我感觉好像如果我不控制他，他就不会和我在一起了。我觉得自己没有那么值得别人爱，所以要确认他会愿意永远和我在一起。这听起来很不理智，可我觉得但凡他有一丁点儿自由，哪怕只是选择我们要看哪部电影，我都会失去他。如果他有那么多自由，他就永远不会选择我。

"你知道，这完全是我母亲的样子，我父母之间的关系也像这样。我不知道如果不这样，要怎么生活。我非常讨厌自己，始终觉得自己如此不值得爱，从一开始我就惊讶他会选择我。所以我不得不紧紧抓牢他。"

③ 性虐待

在很多情况下，恐惧性、想控制性，或者过于压抑性反应的人，都在童年时期经历过性虐待。他们成年以后，可能会有滥交的性行为，却不与任何人深交。当他们真正投入到一份彼此忠诚的关系，尤其是一种结合了情感亲密和性的关系中时，他们就会体验到恐惧。此时的回应要么是压抑自己的性反应，要么是试图去控制性行为中的方方面面，而在此之前，他们甚至都意识不到自己内心的恐惧。亲密的性关系对他们来说是个挑战，当面临这个挑战时，关于童年性虐待的记忆就会浮出水面。

斯蒂芬妮的故事（续）

在斯蒂芬妮为了理解婚姻失败的原因而寻求心理治疗时，她回忆起父亲不当的性行为，还有父母以及姐妹们都参与其中的性游戏。她意识到自己的恐惧起源于一系列的性虐待，正是这些性虐待的累积导致她在亲密情境下极不舒服。于是，她下意识地采用了控制和抑制的防御行为来帮助她应对恐惧：

"我在想那些伴随我成长的感觉，想到我在家里是如何被对待的，特别是我的父亲是如何对待我的。他从未对我展示过温柔，从未用善意的方式表示过对我的感情，从来不会说'你是个可爱的孩子'之类的话。他的夸奖总是因为我的外表，或者谈论我能够用外貌获得什么。这很可能与我的不安全感有关。我从未真的学会只因为我是我而喜欢自己。因此，我也不相信拉尔夫会因为我是我而喜欢我，我自己都从未喜欢过我自己。"

斯蒂芬妮的记忆得到了姐妹们的证实，她们也遭遇了同样的对待。年龄最大的姐姐甚至承认自己曾经引诱斯蒂芬妮和更小的妹妹加入她们的性游戏。对于斯蒂芬妮来说，这些记忆让她非常痛苦，但她也意识到过去发生的事情可以帮她对自己产生同情，而且不再害怕作为成年人的性体验。

④ 幻想

做爱时的性幻想会拉开伴侣之间的距离。以幻想作为增加性欲的方式，在某种意义上，就是在否认自己对于伴侣的需要，从情感的亲密中撤退出来。在性爱过程中存在这样的秘密心态会让人感到内疚，尤其是当性幻想的对象不是伴侣本人时。

杰瑞的故事

杰瑞今年五十岁，他谈到他和妻子十年的性关系：

"我这段时间困扰于自己在婚姻中失去了'性'趣。在做爱之前，我会感到兴奋，很期待。但是后来不知何故，就突然没有感觉了。这非常讽刺——婚姻内的性关系对我来说唾手可得，但是我却没感觉，而是幻想与别人拥有同样的东西。

"回顾我的婚姻，甚至是在我结婚之前，我可以看到这种模式已经运转了很长一段时间了。刚开始约会的时候，我会对一位女士有那种激动和兴奋的感觉，可是一旦和她建立了亲密关系之后，感情就会消失，我又开始幻想另一个新人。我持续地幻想着与别人如何，而不是与妻子亲近，而妻子才是真实存在的，是想要和我亲密无间的人。因此我错过了生命中很有意义的一部分，这真让我难过。

"在我十几岁时，父亲告诉我女孩就只有两种——与你发生过关系的和没发生过关系的。他可能只是想用幽默的方式对我进行性教育，但这的确一定程度上导致了我现在的问题。我似乎从未跟谁就性的话题做过积极或感性的讨论，所谈的无非是'不要''当心'或'可以跟这个上床，不可以跟那个上床'，但谈论的内容与性爱有什么美好的一面，或者性爱需要双方共同参与没有任何关系。"

练习4.8　想象对话

选择父母中你比较认同的一位，想象自己与他/她展开了一场关于性的书面对话。这个练习可以用来帮助你了解内心批评声的全貌，并且意识到自己从父母那儿学到的消极态度。先写下这位父母对于性、伴侣以及性关系会有什么看法。然后，写下你想对此给出的回应。在想象对话中罗列出两方观点，这么做有助于你将自己所想和父母所想区分开来。

例：一位女士的"想象对话"练习节选

对于性和男人，我母亲会说：你不喜欢性。要在做爱中保持亲密是什么意思？简直是无稽之谈！性是属于男人的事，是他们可以在其中得到满足。看看他们对于女性的胸部和臀部多么痴迷，真恶心！你看，性行为都是为了满足他们。是他们沉迷其中，欲罢不能。你只是他们欲求的对象。男人的身体有什么吸引人的？性行为对你有什么好处呢？面对现实吧！亲密和性根本不能共存。直接拒绝就好了！不要显得你有兴趣，因为你根本就没有。控制住自己！

我想我的回应是：你都说错了。想到要接近我丈夫的身体，就让我兴奋不已。男人喜欢给女人带来快乐，这是一个给予和接受的互动。没有什么是比在床上对他展示温柔，抚摸、亲吻和触碰爱人更快乐的事情了。性就是彼此花时间去变得亲密、亲近、温柔，也是让你与自己的感觉、身体以及心灵保持接触的事情。这与表现得好不好没有关系。

我母亲/父亲会说：

_____

_____

_____

对于这些话，我的回应是：

_____

_____

_____

增进亲密

有一个练习有助于让伴侣间保持情感亲密的同时，增加对于亲密的容忍度，即身体爱抚的给予与接受。这个练习的主要内容是，双方轮流做他想要对对方做的任何事情。练习开始前告诉伴侣，我们在表达感情或接受对方的感情时可能会不好意思，然后轮流触碰、抚摸、按摩或是爱抚对方。在这个过程中，建议伴侣双方交流当下的感受和想法，包括在给予或接受爱抚时的积极感受，或内心冒出的消极声音。如果你感到悲伤，也不要觉得惊讶。因为有时我们会为了避免感到悲伤而树立起与伴侣之间的屏障，如果这一屏障被亲密和爱打破了，悲伤就被感受到了。

本章小结

有许多种扭曲的态度和想法在影响着性爱的每一个阶段。通过练习，我们可以将被内化了的父母的偏见展现出来，进而把对自己感到愤怒并展开攻击的那部分自我（内心的批评声），与同情自己的那部分自我（真实的你）区分开来。在看清自己的消极思维及其来源之后，我们就能把自己从自我挫败、自我设限中解救出来，性关系也可以得到显著改善。

尽管有许多人认为，在一段关系刚开始时所感受到的激情，随着时间的推移，会因为彼此熟悉而自然消退。但是事实上并非一定如此，在彼此熟悉之后，仍有可能持续体验到性爱的激情。如果能够挑战入侵两性关系的内心批评声，伴侣双方都将会有所成长，体验到令人满足的交织着情感、友谊和性爱的独特关系。

第五章　如何远离依赖和成瘾

　　本章讨论的行为不仅会限制一个人对生命目标的追求，更会损伤其身体健康和精神健全。成瘾，可能不会立即威胁到生命，但的确会降低生活质量。它在社会生活中普遍存在，以至于人们习以为常。各类成瘾行为有两个共性：①帮助我们切断痛苦的感受，②由内心的批评声驱使。鉴于此，我们有必要识别出成瘾行为背后的破坏性念头，学会以更好的办法来应对人生不可避免的痛苦和压力，最终战胜这些消极思维。

　　如果我们采用压抑的策略来逃避情感上的痛苦和焦虑，最终被屏蔽的就不仅只是痛苦，同时还有快乐和欢愉。小时候我们可能会采用某些方法和防御行为来减轻痛苦，并逐渐对这种做法上瘾，因为它们就像是毒品，会让我们暂时感觉好受一些。可是我们也会像吸毒者一样，变得越来越无力应付生活，越来越麻木。如果一个人长期压抑自己的感受，就好像将灵魂从躯体中抽离出来，很难发展出真实的自我认知。

　　当这些被压抑的情绪威胁到认知和意识时，我们就开始感到焦虑，就觉得必须要做些什么来切断焦虑感，而被选择的往往是另一种熟悉的但却会造成自我挫败的应对方法，如此就形成了一个恶性循环。事实上，在生活中持续采用防御行为，就像严重的成瘾一样，因为它吞噬着我们的能量和资源。与之相反，如果选择以一种开放而暴露自身脆弱性的方式来生活，则可以体会到活着的快乐和痛苦，生命的元气和能量将得到释放。

对于那些在生命早期经历过巨大痛苦的人来说，要放弃作为应对机制而发展出的消极观点和行为，通常会很困难。然而，从长远来看，执着于怀疑的态度、成瘾的习惯和自我挫败的行为，比冒险，甚至再次受伤更加有害。

当生活中的感觉被切断时，其特点就是过分依赖于自我抚慰的习惯、仪式和惯例，它建立在自给自足的幻觉上，但这种虚假的独立感与真正独立的生活，即在现实世界中和人打交道，是截然不同的。

在本章中，我们介绍了可能会成瘾的行为和活动，着重探讨挑战其背后的内心批评声的方法，并为更好地应对生活中的痛苦提供了建议。首先，让我们关注童年时期发生的事情，探究自己是如何学会这些自我安抚的手段的。

人为何会成瘾

人们是如何对某种物质、对象或活动上瘾的？这一过程是从哪儿开始的？首先，有必要理解幻想和成瘾是紧密相连的。人类具有非凡的想象力，这种能力既是好事，也是坏事。

如果我们在幼年时经历过生理上或心理上的剥夺，就会学着用幻想来弥补失去的东西，以满足一部分基本需要，从而减轻痛苦。幻想纽带就是养育或者照顾自己的一种方式。它是一个封闭的系统，在这个系统中我们既是家长，也是孩子。

系统中的家长部分有两个功能：一是对孩子部分的安抚和滋养，二是对孩子部分的惩罚和贬低。儿童很小就会采用自我安抚的行为，比如通过吮吸拇指或是揉弄毯子来减轻沮丧和痛苦。这些方法起到了一定的作用，支撑了自己可以照顾自己、不需要外来支持的幻想。长大以后，人类发展出更加精细的自我安抚行为，例如咬指甲、自慰、看电视和阅读。这些习惯可以帮助我们控制焦虑或痛苦，因此可能会诱我们上瘾。

成年人有更便捷的手段来麻痹自己，比如暴饮暴食、酗酒、使用各种药物，或是执拗地遵从某个惯例、仪式和从事某项活动，以减轻紧张感。幼年时经历的情感剥夺越多，长大后就越倾向于以成瘾行为作为防御手段。尽管成瘾会让人的行动力越来越差，却也可以滋生出一种自给自足的错觉。

爱德华的故事

当爱德华还是个婴儿的时候，他就特别容易激动，于是父母给他贴上了"高度紧张和喜怒无常"的标签。尽管父母对于儿童非常了解（他的母亲是一位老师，父亲是一位心理学家），但他们还是会直接为孩子提供能够立刻安抚他的东西。他的母亲报告说："从出生的第一天起，爱德华就处于紧张激动的状态，直到我把一个安抚奶嘴放到他的嘴里。然后他的身体就完全放松了，甚至发出松一口气的声音。"

爱德华是三兄弟中最小的一个，孩子们的年龄差距不大，当他出生的时候，他的妈妈专注于自己的事业，疏离了丈夫。爱德华的哭闹让她很不舒服，她也不想让爱德华打扰她的日程安排。爱德华的父亲在很大程度上不愿面对自己的真实感觉，试图通过纵容孩子们来补偿妻子对于三个孩子的忽视。

随着爱德华年龄的增长，父母提供了更高级的手段来安抚他的情绪，包括在他卧室里放置电视机、立体音响和电子游戏机；九岁时，他已经独自拥有了一台电脑。而他的父母只要没有被打扰到，似乎就很开心。爱德华逐渐养成了独自待在房间的习惯。他极少跟其他孩子一起玩或参加学校里的各种活动，唯一的兴趣就是音乐和编程。到了十二岁时，他开始吸毒，先是大麻，之后升级到强效可卡因，并通过小偷小摸来维持自己的毒品开销。成年后，爱德华一直住在父母居所后院的一间小客房里，直到三十二岁。父母似乎并没有注意到他吸毒的习惯。后来，他因为吸毒过量无法胜任工作而失业。当爱德华最终去参加康复计划时，他的母亲对咨询师说："爱德华从一出生就有成瘾行为。"

很明显，爱德华的早年环境使他过上了为瘾所困的生活。首先，他的躁动和爱哭被父母误认为是他性格中固有的一部分，因此，他们不去寻找导致他痛苦的潜在因素，反而聚焦于如何平息他的哭泣，只是因为这打扰了他们的生活。其次，他遭受了持续的情感剥夺，一方面父母对他过度纵容，另一方面他的内心需要又无人问津，导致爱德华倾向于通过成瘾行为来切断痛苦。从某种意义上来说，父母无意中把他训练成了一名瘾君子。

感觉糟糕和麻痹痛苦的恶性循环

进食障碍、酒精沉溺、药品滥用，或是工作到心力耗竭，都是自我毁灭行为，它们背后的推手就是内心的批评声。这些行为模式直接攻击身体健康和情感幸福，常常导致我们正常的生活机能逐渐退化。

成瘾行为背后的内心批评声以两种自相矛盾的形式出现。首先，它鼓励我们从事成瘾行为："你在节食上做得很好，吃一小块蛋糕会有什么害处呢？"或"这一周太糟糕了，你应该喝一杯。"或"强尼要去参加少年棒球联赛，所以没关系，你今晚可以工作到很晚。"听从了这些内心声音的建议，我们就会去暴饮暴食，或疯狂投入工作。

然而过后，这些破坏性的想法竟然转变语调，严厉地指责我们，无情地批评我们的所作所为，即使这些行为正是因为受到它的鼓动才发生的："你这个意志薄弱的混蛋，你说过要节食的，你什么事也坚持不下来！""你这个人渣，你说过再也不沾酒的，现在你看看，又在酗酒了！""你真是个粗心大意的父亲！你告诉强尼你会去看比赛的！"内心的批评声是如此出尔反尔，可见它绝不是良心典范或道德指南。

在连珠炮似的自我攻击之后，我们感觉更糟，感觉被痛苦、混乱和沮丧吞没。而此时，内心批评声又开口了："你反正已经不节食了，把剩下的蛋糕都吃掉又有什么关系呢？""继续吧，再来一杯。"这次它能更轻易地说服我们再次陷入上瘾行为，以此来麻痹痛苦、平息躁动、摆脱沮丧。这样就完成了一个循环。

这些自我苛责、自我憎恨和自我贬低会让人感觉很糟糕，它们显然不可能带领我们去尝试做出积极的改变。我们甚至会觉得自我攻击是合理的，是对我们自己有好处的；但其实它只不过是破坏性循环的一个组成部分：它先是引诱我们放纵，然后再惩罚我们放纵。这一模式很难被打破，因为在戒瘾期间，通过成瘾行为隔绝的焦虑会卷土重来。在人们试图戒除过度使用药物或酒精时，通常会涌现出强烈的悲伤或愤怒。

凯的故事

凯现年二十五岁，她从十几岁时就开始吸毒。据她回忆，自己在十二岁左右就感觉和同龄人格格不入，于是凯疏远了他们。

"我时常怒气冲冲，在学校里表现得很叛逆，有时候甚至会大发脾气。然后有个朋友介绍了大麻给我。这是很棒的体验，它消除了所有的痛苦和愤怒。它让我感觉很嗨，熏熏然很舒服，这时我就会喜欢社交。我几乎完全沉迷于这种'完美'的摆脱痛苦的方法。父母每一次尝试让我戒毒都以失败告终，我很快就故态复萌。

"我驾轻就熟地知道该怎么麻木自己的感觉。十五年间，我一直依赖于各种药物，每当一种药不起作用了，我就换成另外一种劲儿更大的药物。我不能跟谁有亲密关系，也不可能从事一份稳定的工作。毒品永远是最重要的。每当我因为没有达到父母的期待而感到失败时，痛苦就会开始出现，于是我就用更多的毒品来终止这种痛苦。

"有时候我也会尝试戒掉毒品，但是内心的声音又会催促我复吸，告诉我'你真的需要放松一下''这个工作太无聊了，而且你身体也不舒服，做点什么来摆脱痛苦吧'。然而等我放纵了自己之后，我又会想，'你真是个彻彻底底的失败者！''你从来就不能坚持自己决定的事情''你永远成不了大器'。然后我会感觉越来越糟糕，再次转向毒品来缓解痛苦。后来，我在一场车祸中受伤了，这是一个开始使用维柯丁的完美借口。可是当医生不再给我用维柯丁时，我意识到了问题的严重。"

这个时候，凯开始寻求心理治疗，学会了如何识别那些促使她吸毒的内心批评声。她的治疗师首先鼓励她写一段个人成长史，包括描述她童年发生的重要事件、目前的人际关系、个人和职业的考虑，以及人生的愿望和目标。写下这段历史可以帮助凯对于自己目前的处境和童年的环境有一种全局式的了解，在这些信息中有可能找到她需要用毒品来麻醉自己的原因。

然后，凯和她的治疗师制定了一个计划，通过逐步降低吸毒频率来对抗破坏性想法。按照计划，她要学会拒绝内心声音的诱惑，摒弃这个声音开出的处方。在向治疗师咨询了戒毒可能引起的副作用之后，凯决定开始实施这个方案。

凯的治疗师建议她留意一下犯毒瘾的特定时间点。她要在每天的日记中记录促使她渴望用吸毒来放松的情境和事件，以及带给她痛苦或沮丧感受的事件。治疗师告诉她，能在内心批评声刚浮现时就把它识别出来，是非常重要的。但是，她没必要去赞同或是不赞同它们，只需关注到这个声音开始攻击自己了就好。

　　治疗师让凯特别留意这些破坏性想法的诱惑性所在，而不是向这些引诱投降，也不必把这些自我贬低的表述当真。她发现，仅仅是知觉到自我攻击的过程，常常就足以使那些令人烦恼的念头消退。此外，只是意识到自己正在自我攻击，内心批评声对心境的干扰程度就会被降低。

　　为了加强真实的自我，凯开始行动起来，去做与个人目标和职业目标更一致的事情。她努力在工作中越发坚定自信，也重新开始从事染毒之前感兴趣的活动。在治疗师的帮助下，凯回顾了在治疗之初写下的个人历史，尤其是与个人和职业有关的需求、愿望和目标。

　　在持续记录的日记中，凯注意到，减食毒品带来的焦虑和痛苦令她感觉很糟糕。但她做了一个有意识的决定，就是"假装"自己没有那么痛苦。她决定继续努力工作，"假装"她是称职能干的，而不是无能软弱的。她发现这个策略有效果，她的感觉逐渐跟努力工作的行动匹配起来。也就是说，当她假装一切都好，在行动上保持对工作的积极努力时，她就真的开始感觉到更加自信和放松了。随后，凯把这一策略推广到生活的其他领域，同样得到了积极的效果。

　　凯戒掉长期毒瘾经历了以下几个步骤。第一步，她意识到，自己是在假借治疗伤病而将药物的使用合理化，这番洞察促使她寻求治疗，由此开启了学习挑战内心批评声的征程；第二步，她领悟到，内心批评声在维持毒瘾的过程中扮演了一个关键的角色；第三步，她采取了多种策略来加强自我认知，并且重新开始追求自己人生中的目标。一方面她不断寻求更有建设性的方法来应对生活中的痛苦；另一方面，她也同时通过回顾个人成长史，重新确认了对人生目标和理想抱负的追求。

寻找逃避折磨的合理借口

　　有无数的仪式和活动可以帮助人们阻隔痛苦和沮丧的感觉，它们可能会变成习惯或诱人成瘾。需要着重强调的是，许多原本健康或是中性的活动，如果强迫性地去做，而且被用以逃避或缓解紧张焦虑，最终也有可能成瘾。当我们一遍遍地重复某种惯例活动，对痛苦的感觉就变得麻木起来。在充满了不确定的无常生活中，重复做一件事情给我们一种确定的感觉。

　　如果特别极端地去做一件事情，就可能变成上瘾或是有强迫倾向。其中的有些行为可能看起来并没什么不妥，甚至是挺积极的，例如努力工作、锻炼、浏览网页和购物。这类活动有潜在的成瘾性，因为它们通常可以被人们独自完成，而且可以用来切断感觉，导致麻木或迟钝。

当一种行为或惯例发展到强迫性的程度时，我们需要不断地重复这种行为以压抑住某种糟糕的感觉，使它不再出现。例如，许多孩子和大人会日复一日地牢牢守在电视机前面，而另一些人花费几个钟头玩电子游戏，这些行为妨碍了他们去从事生命中重要的事情，也疏远了他们与亲朋好友的关系。

我们通常是在模仿父母的自我防御或自我麻痹模式。换句话说，如果父亲会在压力大时喝酒，我们就比一般人更有可能出现相同的行为；如果母亲用暴饮暴食来平复焦虑，我们通常也会轻易就采取同样的行为模式。下面两段文字节选于一对成年儿女对父亲的强迫性工作状态及其对子女影响的描述。

儿子的日记

在我爸爸很年轻的时候，他好像就不再能从真正的成功中获得满足感。他只是持续不停地干活，就好像是我的祖父在严格地监视他工作一样。每当一项活计完美收工，他就会继续做下一个，对于完成了的事情不会多看一眼，也不会有什么骄傲满足的感觉。

他大约在晚上七点下班回到家，连衣服也不换就走到院子里去，所以他所有的好衣服都会被磨破或者溅上油漆。他不停地工作到深夜，直到邻居打电话抱怨孩子睡不着，要求他停止锯树，或者关掉工作灯。他会在倾盆大雨或是炎炎烈日之下工作几个钟头，仿佛他对恶劣的天气和自身的疲劳都产生了免疫。他那么玩命地工作，就好像一切问题都会随之得到解决，但实际上这当然只是臆想。

女儿的日记

我知道自己的确受到父亲一直以来的工作方式的影响。我好像只有在努力工作时，才会感觉良好。如果没有持续工作，就会感觉非常恐慌。可能听上去这很让人费解，在我的日常生活中，一旦我更多地去考虑"爱""丈夫""我在乎的人""孩子"等问题，就感觉非常害怕，就想立刻逃离到另一条生活轨道上，即长时间地工作，直到自己累得筋疲力尽。对我来说，这样就是一种更舒服的生活方式，我只要有一点点感情，只要花一点点时间与丈夫孩子相处即可。在家庭方面，我不想多接触，因此就必须要在另一个方面多投入，在那个方面我很棒，我工作努力，充满干劲。

如何避免成瘾行为

有些练习可以用以识别特定的内心批评声，正是这些批评声导致了成瘾行为或者动摇我们戒除成瘾行为的决心。我们需要警惕，因为它们听起来可能是积极的、善意的，实际上却在把我们引向背离目标和理想的道路。

就像凯的例子所呈现的，意识到我们依赖的那个东西是有害的，是打破依赖的第一步。识别出怂恿我们去依赖某种物质或行为的声音，是对抗它的第二步。

练习5.1　关于成瘾

这项练习有助于增强你的决心，逐渐放弃那些对身体健康和情绪健康有害的行为。有些内心声音对你抱有消极的态度，但听上去是积极的，把它们识别出来，你将会更容易控制成瘾行为。

圈出你体验到以下内心批评声的频率：

0＝从不　1＝很少　2＝有时　3＝经常　4＝大多数时候

0　1　2　3　4　你需要喝一杯，这样就能放松了。

0　1　2　3　4　你又没有节食！你没有意志力。

0　1　2　3　4　今天太难熬了，不用那么坚持。

0　1　2　3　4　你太生气了，吃点东西放松一下。

0　1　2　3　4　看看你缺少戒酒的决心，给家人带来多少麻烦。

0　1　2　3　4　再吃一块饼干（再喝一杯）吧。能有多少害处呢？

0　1　2　3　4　对你来说喝嗨了没有关系，你知道如何保持正常。

0　1　2　3　4　你这周很辛苦，你需要放松一下，喝一杯吧。

0　1　2　3　4　你又重犯了，你无可救药了。

0　1　2　3　4　你反正已经把节食计划搞砸了，还是想吃什么就吃什么吧。

0　1　2　3　4　问题可能出在新陈代谢，你何必还想要控制体重呢？

0	1	2	3	4	看看镜子中的你自己！你太胖了，应该把刚才吃下去的大餐吐出来。
0	1	2	3	4	吃下去的可以呕吐出来，这样就能轻松控制体重了。
0	1	2	3	4	他们能看得出来你吃过了，你真是一只恶心的猪。
0	1	2	3	4	你打算如何利用这段空闲时间呢？你需要做点什么来打发时间，放松自己。
0	1	2	3	4	你可以想吃什么就吃什么，之后再吐出来。
0	1	2	3	4	你吃得太多了，要把吃的东西从身体里清除掉。
0	1	2	3	4	你这只肥猪！
0	1	2	3	4	你不配吃任何东西。
0	1	2	3	4	如果你感觉好，那就不要吃。
0	1	2	3	4	人们就是希望你变胖。
0	1	2	3	4	食物就是你最大的敌人。
0	1	2	3	4	只要你吃一口，你就会变重。

关注纠结时的想法和感受

在与成瘾作斗争的过程中，有一点很关键，就是要清楚我们的意志防线在什么时候最容易崩溃。当这样的时刻来临，请将注意力都聚焦到在此刻涌现出的焦虑、愤怒或悲伤等感受上。

例如，如果决定要戒烟，则在烟瘾发作，想要再来一根时，记录一下此刻的想法和感受，此时内心的批评声说了什么？这让你感觉如何？将自己在快要沦陷于诱惑的一瞬间的所思所感记录下来，能够有效保护戒瘾的决心。如果此时能够继续坚持，那么这些消极思维终将消退，失去压倒性的力量。

练习5.2　成瘾：内心的批评声和真实的你

在页面左侧记录下诱惑你放纵自己的内心批评声，以及那些因为你的放纵而谴责你的内心批评声。在中间一栏，记录下这些不同的声音在你心中唤起的感觉。在右侧一栏，写下你对此更现实理性的看法。

内心的批评声	批评声带来的感觉	现实的想法
引诱的声音：		
_____	_____	_____
_____	_____	_____
谴责的声音：		
_____	_____	_____
_____	_____	_____

识别诱因事件

正在康复的药物滥用者发现，找到诱使他们成瘾的原因至关重要。换句话说，有些特定的情境会撩拨他们滥用药物的欲望，要对此保持警惕。例如，许多瘾君子当和自己的同龄成瘾者在一起时，或者当他独自一人无所事事，只能面对自己的感受时，常常会产生滥用药物的欲望。在这些时刻，消极的想法往往会涌现出来。因此，对于想要戒瘾的人，极有必要总结一下在每次药瘾发作的时候，生活中发生了什么事件，或者自己处于什么情境。

练习5.3　识别诱因

这个练习可以帮助你识别触发成瘾行为的事件。在页面左侧，写下当时的情境、社会互动或是经历。在中间一栏，写下在这些时刻，你内心的批评声说了些什么。在页面右侧，写下相应的更现实的观点。

诱发情境或事件　　　　内心的批评声　　　　现实的看法

_____　　_____　　_____

_____　　_____　　_____

_____　　_____　　_____

_____　　_____　　_____

_____　　_____　　_____

体验被压抑的需要和愿望

内心批评声是"人格的涂层"。正如内心的批评声隐藏了真实的自我，成瘾也掩盖了真正的感觉。随着我们放弃被内心批评声所支配的行为，真实的自我（也就是人格的核心）将逐渐浮现出来，并将压倒内在敌人，占据上风。如前所述，真实的自我由需要、欲望和特定目标组成。当我们放弃成瘾行为，开始重新感知那些被压抑多年的情感时，就会更多地意识到独特自我的基本组成部分——需要和欲望。

然而，许多人在内心深处认为自己无法面对从童年时期就切断了的痛苦感受。于是，让他们放弃压抑情绪的自我安慰行为，就会遇到抵触。有时候，体验到强烈的向往和追求，不如暴饮暴食、酗酒嗑药和强迫性的例行活动更容易让人感到满足。因为他们在年幼时，体验到向往和需要的结果往往都是求而不得。如果允许自己再次体验到向往和需要，就会感到脆弱和无助，就像回到了那个只有眼巴巴地盼望父母满足自己的需要才能活下去的幼年时期。几乎每个在试图戒除成瘾，并且重新体验到长期被压抑着的情绪的人，都能体会到这种感觉。除非在成年后有过诚实地面对挫折的经历，否则我们永远也认识不到现在的情况与童年时大不相同。我们需要从情感层面上学习，相信自己不会再受到小时候那样的伤害。

如果想知道自己为什么那么害怕追求生活中现实的目标，可以梳理一份个人成长史，就像前文凯做过的那样。在这份个人经历回顾中，你需要：①描述那些发生在你童年时期，可能影响你，让你开始做出自我抚慰行为的事件；②确认你喜欢的活动、特别的爱好、你的需求和愿望。

这篇关于自己的描述，有多个方面的帮助。第一，通过回忆早期有剥夺感的痛苦经历，我们会更加明白自己为什么觉得有必要切断感觉，为什么不得不用幻想和成瘾行为来应对生活。第二，写下个人经历能够帮助我们在过去和现在之间做出泾渭分明的区隔。如果不得不再次面对在生命早期经历过的痛苦和求而不得，我们将能够挑战自己无助绝望的念头，我们会认识到，如今的自己已经不是往日的那个小孩。这个认识可以帮助我们克服恐惧，不再害怕在真实的目标和现实的关系中寻求踏实的满足感。第三，个人成长史的回顾可以让我们更清楚自己的特定需求、价值观和目标。在重新认识生活和人际关系的过程中，在重新迈向既定目标的过程中，认清自己的内心需要至关重要。渐渐地，我们行动的每一步都在削弱内心批评力量的同时，强化着真实的自我。

大胆追求所想

放弃一种成瘾行为的同时，需要在成年生活中开启新的追求。一种方法是考虑自己在事业或感情方面想达到什么成就，为此设定明确的努力目标（如练习3.1和4.5中所述）。

首先，在日记中写下这些目标，然后写下为了实现目标需要采取的行动。追踪记录每一次参加相关的活动、项目或比较特别的人际互动经历。刚开始，我们可能并不想去参加某个新的项目或活动。但是，我们可以"装作"很愿意去做，表现得精力充沛、坚定自信，就像是凯所做的那样。可能最终我们会发现，自己的主观感受慢慢就与表现出的行为一致起来了。

在朝实现目标的方向迈进时，我们将会意识到作为成年人，自己现在想要的已经与幼时不同。在放弃一种成瘾或自我安慰的习惯后，我们可能会发现自己不再能得到在童年时迫切需要的那种满足感或爱了。然而，对一个成年人来说，这些需求的满足对生存或幸福已经无关紧要了。

练习5.4　追求所想

在页面左侧列出对你来说特别重要的需求、目标和兴趣。在中间一栏列出当你提出自己想要达成的目标时，内心冒出来的任何可能会阻止你的批评声。在页面右侧写下对于这一需要或目标的更为现实的考虑。

追求和愿望	内心的批评声	现实的看法
————————	————————	————————
————————	————————	————————
————————	————————	————————

如果多年来自我破坏行为已经成为生活的一部分，那么如果要摒弃它，我们就可能会在一段时间之内体验到迷惘，而且内心会产生新的批评声对我们发起攻击。这时如果能咬牙坚持过去，这些焦虑和间歇性发作的自我攻击终将逐渐消退。当我们放弃了对于药物、酒精或是成瘾行为的依赖时，就会发现自己有更多的精力投入到人际关系中。

本章小结

我们生活在成瘾程度很高的社会环境中，环境不断强化我们小时候学到的防御行为。消极的社会压力使我们想要以某种形式进行自我抚慰，以获得当下的满足。自我抚慰在我们的文化中也似乎已经变成了一种可接受的生活方式。今天，许多在童年时期遭受过剥夺的人们继续以过度使用药物、酒精、烟草，或沉迷于电视、电子游戏、工作等方式，来隔绝真实的生活，获得替代性的满足感。

大多数人都在一定程度上受到成瘾行为的影响，痛苦挫折的感受使人借此逃避，无法充实地生活。如果不去逃避这些痛苦感受，而去面对、接受、理解并应对它，就可以战胜成瘾行为。

放弃一种带有强迫性质的成瘾行为意味着冒险。这相当于在我们还担心是否会有危险的时候，就要先脱掉防御盔甲。如果甘愿为此冒险，勇敢坚韧地面对放弃防御所引起的焦虑和恐惧，就能恢复曾被麻木和隔离的感觉，触碰到真实自我的悲伤和活力，进入可以敞开心怀去体验的世界，从此告别重蹈覆辙的泥潭。这时，我们就会发现自己已经在过着有体面、有尊严、有情感的生活，对日常生活中的压力也能游刃有余地加以应对。

如果对药物、酒精或者其他替代品的上瘾程度已经非常严重，那么可能需要寻求专业人士的帮助，或是加入到专门帮助治愈物质滥用的团体中。

第六章　如何不被抑郁困扰

大概每五个美国人中就有一人受到抑郁的侵扰。在抑郁状态下，人们的心境和情绪受到影响，他们对自己、他人和世界的感知被扭曲。抑郁状态存在轻微、中度、严重等不同水平。我们可以将之视为一个渐变的连续带，这个连续带上标记了个体对己、对人、对世界的认知扭曲的不同程度。较严重的抑郁者会较为持续地感到悲伤、焦虑、心绪不宁或易被激惹，对原本享受的活动也提不起劲，体验不到其中的乐趣。

一个人的抑郁程度与他听到自己内心批评声的次数及强度直接相关。对程度中等到严重的抑郁患者来说，内心批评声占人格的主导地位。无论发生什么事情，无论是无法承受的挫折、丧失，还是未曾预料到的好事，都会被他们看作是有害无益的。对他们来说，自己扭曲的认知就反映了现实的情况，即便在外人看来，这些想法显而易见地与现实不符。换句话说，严重抑郁者对内心那些针对自己和他人的恶意批评深信不疑。

本章提供的建议能帮助我们从"消极的冲动"中逃离出来，进而从内心批评声带来的消极思维和情绪中逃离出来，最终摆脱消沉和抑郁的困扰。意识到我们内心的批评者和我们自身一样聪明又有学问是很重要的，而它致力于用这些聪明和学问来瓦解我们对自己和人生的良好感觉。

并不是说人生不存在让人感觉糟糕、气愤、悲哀和焦虑的事情。相反，在生命中有无数的事件给我们带来深切的痛楚和焦虑：至爱之人或亲密友人的离世、失业或贫困、恶劣的工作环境、被好友或爱人拒绝、病痛或残疾……事实上，仅是看看晚间新闻里每天发生的悲剧就足以让人感觉人生幻灭，产生短暂的抑郁。虽然世事艰难常让人苦恼沮丧，但看待所经历事物的方式，还是会在很大程度上左右这些事件对我们当下和长远的影响。

正如在第一章中强调过的，内心的批评声驻扎在我们的头脑中，如果听信它们，它们就将牢牢控制我们对自己生活的看法，决定我们是否认为人生值得。负面事件如同一个扳机，一旦被扣动，就将开启一种下沉的思维漩涡，让我们跟自己过不去，各种痛苦情绪涌现出来，使人饱受折磨。启动这个消极思维漩涡的关键正是我们对所经历事件的反应或解读。如何去解读所经历的事件对我们心情的影响，远远超过事件本身的影响。

你抑郁过吗

我们可能体验过短暂的抑郁心情，只是在一段不长的时间里感觉到消沉或沮丧，这几乎是每个人都可能偶尔经历的情绪状态；也可能抑郁得更严重一些，体验到的痛苦程度更深，持续时间更长。如果是轻微的抑郁，我们可以看到隧道尽头的光，因此知道或迟或早自己可以抵达光明之处；但在更严重的抑郁状态下，我们几乎看不到光，不知道隧道的尽头在哪里，甚至不相信这个隧道有尽头，在这种情况下可能需要寻求专业人士的帮助才能有所好转。为了更好地理解抑郁，我们需要了解内心的批评声如何解读生活中的那些负性事件，又是如何把我们带到抑郁深渊的。

不知你是否注意到，一旦我们开始产生一个消极的想法，其他的消极思维也常常会紧随而至。因一个消极事件而引发的消极思维会汇聚为一股溪流。如果不被挑战，这些消极思维及附带的自我攻击和各种忧虑将逐渐升级，溪流变为洪流，它喋喋不休地评判我们的一切，让我们感觉自己的生活一无是处。人们总会把针对某一个具体情境的消极思维延伸到许多其他领域，最终觉得自己的整个人生都是暗淡无光的，因此消沉沮丧。

为了辨识那些可能扣动我们消极思维扳机的重要生活事件，首先请回忆一下自己感觉最糟糕的时候。然后，试着回想当时对我们产生影响的事件——可能是一次拒绝、一次变故、失去一个深爱的人，或者任何有重要意义的事情。你还记得这件事情发生时的想法吗？关于这件事情，你对自己说了什么？（比如，这件事意味着你和你的人生是怎样的？）你还记得当时体验到的情绪吗？你有多长时间沉浸在难过或悲伤当中？再试着回想一下，这件事情带来的消极思维是否泛化为对自己人生状态的总体感觉？（例如，你可曾为这件事自责？此后，你是否开始觉得几乎每件事情都是自己的错误？）

练习6.1　抑郁和生活事件：内心的批评声和真实的你

在思考过上述问题并尝试回答之后，我们可以探索一下那些因负性事件而被强化的想法和核心信念。在你的印象中，有没有其他与此事相关的事件？这件事以及你对此事的反应如今是否还对你的整体生活信念产生影响？

练习的第一步是找出人生中感觉最糟糕的一段时间，在左侧一栏中描述当时导致糟糕状态的事件或者情境；然后，试着回忆在那段时间里你听到自己内心的批评声说了什么，在中间一栏把它写下来；现在时过境迁，再回头看这件事，你对此事更现实的评价是什么，请写在右侧一栏中。那些激发你内心产生批评声的事件有没有什么共同特点？你能发现什么规律吗？现在你对那些诱发内心批评声的事件有没有更为客观的评价？对自己在其中的角色和责任的认识是不是更为现实？如果没有，你可能还在相信自己内心那些批评性的观点，可能还处于比较抑郁的情绪中。

例：阿琳的日记节选

诱发事件	当时的内心批评声	现在的更现实的想法
在我12岁时，我母亲在久病之后去世了。在她病中，我一直帮忙照料。当救护车把她带走的那一刻，她对我的最后一个指令是照顾好当时9岁的弟弟。	"她死了是你的错，是你没有照顾好她。如此你还有什么理由认为自己可以照顾好弟弟？他不会听你的话，你也永远承担不起妈妈最后的遗愿。"	当然，她的死并不是我的错。这么想是很可笑的！而且，妈妈让只有12岁的我照顾好弟弟，这是一个多么不现实的要求。

诱发事件	当时的内心 批评声	现在的更现实的 想法
_____	_____	_____
_____	_____	_____
_____	_____	_____
_____	_____	_____
_____	_____	_____
_____	_____	_____
_____	_____	_____
_____	_____	_____
_____	_____	_____
_____	_____	_____
_____	_____	_____
_____	_____	_____
_____	_____	_____
_____	_____	_____
_____	_____	_____
_____	_____	_____
_____	_____	_____

抑郁是什么感觉

在练习6.1的例子中，我们可以看到阿琳的自我批评会带给她多么强烈的情绪。她的自我攻击扰乱了失去亲人正常的悲伤过程，将她置于一种没有完结的丧失情结中，直至成年都还在深受影响。

除了识别那些被悲剧事件或痛苦情境诱发的内心批评声之外，我们也非常有必要去关注被这些批评声诱发的感觉，消极的思维方式让我们认为是自己的参与促成了悲剧的发生。就像阿琳所经历的事件一样，过早地丧失亲人会使人感到悲伤、愤怒和害怕。但是，在这些自然的情感之外，自我谴责的声音又带来其他的情绪，那么抑郁就是必然结果。因此，有必要区分两种情绪——悲伤和抑郁。

不只是悲伤

许多人将悲伤和抑郁混为一谈，其实，这两种情绪之间存在明显区别。体验到悲伤的情绪会让我们接触到自己的内心，与自己的内心更为整合。但是，如果我们消沉或者抑郁，那么体验到的则是一种混合了无处排解的悲痛、罪恶感和愤怒的情绪，这种情绪将我们自己作为攻击对象。很多人不愿意让自己处于深重的悲伤中，在预感会体验到悲伤时，我们可能会紧张起来，生怕因此而抑郁。但实际上，悲伤情绪最终带给我们的往往是释然，是更加整合和坚强的内心。

最近，一些名人冲破世俗对抑郁症的偏见，勇敢地表露自己在抑郁发作时的感受，讲述自己在最绝望的时候，内心批评声是如何扭曲事实、

自我攻击的。经历过几次抑郁发作的演员罗德·斯泰格尔（Rod Steiger）
写道：

在你抑郁的时候，这个"委员会"接管了你的头脑，一个接着一个
地抛给你让人抑郁的想法。你不刮胡子、不洗澡、不刷牙，你什么都不
关心……抑郁的部分表现就是你仿佛在为某件事惩罚自己……你对自我
的感知，你对自己的欣赏，你对自己的尊重，统统消失殆尽。当然这并
不是说你的脑子一片空白，相反，在抑郁时，你的脑中充满了各种可以
把你击溃致死的想法，而且永不停歇。

朋友可能会告诉你，"你的太太爱你，孩子爱你，我们都为你担心"。

"他们不懂，"一个疲惫的声音说，那是在自衰自怜中翻滚的自己，
"他们都不懂。"

以下是电视女主播凯茜·克朗凯特（Kathy Cronkite）对自己抑郁状
态的描述：

我带着灰暗的墨镜看世界——我房子很破败，我的孩子们是魔鬼，
我的婚姻千疮百孔，我的身材已经走形，我的衣柜丑陋不堪，我的工
作乏善可陈……"我受够了，我再也不能忍受了。"我成千上万次地这
么想。

一名不愿意透漏真实姓名的作家说：

没有经历过抑郁的人无法想象绝望是什么感觉。没什么东西会让你
感觉好一点，没有这样的东西。日常生活中看似美好的东西——比如一
场电影、一顿美食、良友陪伴、一次散步、一幅美丽的画作——只能让
你感觉更加糟糕，因为它们加剧了你对真实世界的疏离感，你为自己无
法享受摆在面前的生活盛宴而难过。电影《欢乐梅姑》中有一句台词，

"生命是一场盛宴，有些傻瓜却会饿死"。我常说这句话。

在迈克·华莱士患抑郁症期间，他被威斯特摩兰将军起诉。华莱士对当时自己的感受回忆道：

前三个月是原告为自己辩护。每天我打开报纸，都会看到诸如"欺骗、骗子、欺诈"等字眼。过了一阵儿，我真的开始认同那些话，突然对自己说，"是哦，他们说得对"。我当时还不知道自己是怎么回事，只是觉得有些消沉。我记得那时我们去餐馆，我会说，"每个人都指着我骂我是骗子，说我都是装的"。别人对你的指责，你都信以为真！真是咄咄怪事！

在练习6.1中，我们回顾了自己生活中的最低潮，还记得当时的感觉吗？当那些负面的想法开始出现时，哪些情绪被唤起？哪些想法让你感觉越来越糟糕？它们是怎么影响你的？你有没有故意去做一些事情来证明这些消极思维是正确的？你的行为是否恰好印证了那些对自己和对世界的消极看法？你是否也曾经一度自我怀疑，开始相信那些对自己非常消极而不准确的评价？你做过什么事情让自己更加确信那些消极的认知？

练习6.2　抑郁：内心的批评声和你的感受

回顾练习6.1中间一栏记录的内心批评声，在本练习左侧一栏写下你"听到"最强烈的那个声音，或是最能激起你情绪的那个声音。然后，在右侧一栏描述你在听到这些批评声时的情绪状态。

例：阿琳日记的另一个片段

使我抑郁的内心批评声

她死了是你的错。
_____
_____
_____

你凭什么认为自己能够照顾弟弟？
_____
_____
_____

这些批评声带给我的感受

我体验到强烈的罪恶感。在她死了之后，我竟然感觉到解脱，因为不用再照顾她了。这想法让我很惭愧，甚至羞愧。我感觉自己有些见不得人，像是犯下了骇人之罪，生怕在被人发现之后受到惩罚。

我很紧张，对照顾好他感觉力有不逮。但同时我又愤怒而怨恨：为什么我应该穷其一生照顾弟弟而错过属于自己的精彩人生？

使我抑郁的内心批评声

_____
_____
_____
_____
_____
_____
_____
_____
_____
_____

这些批评声带给我的感受

_____
_____
_____
_____
_____
_____
_____
_____
_____
_____

消极思维与自我拒绝密切相关，拖住了我们迈向满足体验的后腿，然而在现代社会中，它却常常被人称道。内心的批评声会迫使我们放弃本来很享受的兴趣或者活动，放弃对快乐的追求，这种倾向形成于人生早年，逐渐成为自我防御系统的一部分，它让我们画地为牢，过早地限制自己，不去探索各种人生体验，而恰恰是这些被限制的体验会带给我们最多的快乐和满足。虽然这种自我拒绝的行为不只出现在超过四十岁的人身上，但社会习俗还是让我们相信，在年长之后就应该放弃有活力的生活。

比如，大家认为自己应该扮演与年龄相当的角色，做与年龄匹配的事情。随着年龄增长，我们不再积极地参加体育运动，性欲降低，与老朋友的关系也越来越疏离。我们可能对自己说："你这个年龄还打球，真是疯了。别人会觉得你在装嫩。""谁听说过在你这个年龄还会坠入爱河的？""何必费神去计划建造一栋新房子？你都不一定能活到享用它的时候。"

抑郁从何而来

幼时父母对我们的不满与攻击

罗伯特·费尔斯通基于大量的临床观察提出，消极思维存在程度上的渐变，表现为从轻微的自我批评，到恶毒的自我控诉，再到引起自伤行为的想法。不同程度的内心批评声在几个方面存在差异：一是批评的内容，二是与之伴随的愤怒情绪的强度，三是被我们体验到的频率。

与此类似，还存在另一条与之平行的渐变连续带，刻画着自我挫败和破坏行为的不同程度，轻微的是自我拒绝，严重的是药物滥用和其他自毁行为，甚至是自杀，其背后的消极思维可以大体被分为三个水平：

第一个水平的批评性想法是指向自己的，这种消极思维会降低个体的自尊感，使人主动从事一些与负面自我形象相一致的行为。譬如，他们可能会拒绝去做让自己快乐的事，回避亲密的人际关系，或者喜欢把自己封闭起来。他们可能还会形成一种对他人的消极态度，因此常常愤世嫉俗或充满敌意，很容易做一些伤害别人感情的事情。

这一类批评性的想法往往是由于我们内化了小时候父母对我们的不满和不切实际的要求。例如，在一次育儿课程中，有位母亲坚信她那只有6个月大的宝宝是为了惹她烦才故意哭闹的。其实，这么小的婴儿还没有发展出结果预见能力，不可能故意去做什么。可如果父母持有这种想法，他们就会很气恼，对待孩子的行为也与孩子的年龄不相称。诸如"你都多大了还哭！真烦人！"这类说辞就反映了父母对孩子能力的不现实的期望。而孩子可能会把这些不现实的期望和与之相伴的批评态度放到自己心里，变成自我批评的想法和对自己的厌弃。

第二个水平的自我攻击包括一些支持或助长自我安抚行为的想法。换句话说，这些想法会支持个体做一些事情来麻痹自己的感觉，包括各种成瘾行为，比如进食过度、神经性厌食、贪食症、酗酒、吸毒、沉溺于电视、强迫性健身，或者其他可以降低紧张和痛苦的生活仪式。如前所述，这类行为通常是效仿父母行为和生活方式的结果。

第三个水平的内心批评包括这样的想法："你对每个人都是负担，你们家没有你会更好。"或者"一切都没有意义，你应该就此放弃。"这些想法带来绝望感，让人与自己的内心更加疏离。这一水平的自我攻击还包括想要从事极端冒险行为和自我伤害行为。内心批评声促使个体做一些危及人身安全的事情，无意于自我保护，甚至主动去伤害自己的身体。在某些案例中，极端程度的自我毁灭的想法催促个体制定详细的自杀方案，或者干脆直接通过自杀了结痛苦。

这些消极思维具有强烈的自我毁灭性，它们起源于小时候受到的来自于父母的明显或隐晦的攻击。当孩子处于巨大压力之下时，他们会认同惩罚自己的父母，并将父母在那一刻对自己的敌意态度和愤怒情绪一并接管过来，内化为自己的态度。在长大成人之后，他们往往以自我破坏的形式释放对自己的愤怒，表现出自我伤害的行为。

那么，为什么我们会放弃自我认同，而去认同父母的观点呢？要弄清这一点就有必要理解人类的一种自然天性——儿童对消极事件的记忆比对积极事件更长久。

例如，一位父亲带着三个孩子去露营，父亲对这两周的回忆完全是积极的，他记得与孩子们一起围坐在营火周围，唱歌、讲故事，还有和儿子一起徒步、钓鱼等等，其乐融融。与朋友聊起这次旅行，他会兴高采烈地描述与孩子们在一起享受的各种有趣活动。然而与此形成鲜明对比的是，他十岁的儿子对这次露营最深刻的印象是爸爸的呵斥。在他脑海中，自己那晚的害怕和羞辱感生动鲜活、历历在目，远比父亲描述的那些欢乐情景更清晰。

练习6.3　识别自我破坏的程度

在左侧写下你不同程度的自我批评。最低程度的表述可以参考练习2.2，比如"你是个失败者，你就不能把事情做对一次吗？"或者"你对人没有吸引力"。中间程度的表述可以参考练习5.2左栏，比如"再放纵自己一次没什么大不了，你会更放松"，或者"你很渣，你承诺的事情永远也做不到！"最高程度的表述可以试着从那些极具自我破坏性的想法中寻找，比如"这有什么用？一切都没有意义，都不重要"或者"离你的朋友远一点，你只会让他们感觉糟糕"。

然后，在右侧写下基于左侧的想法，你采取了哪些相应的行为。比如，某些想法让你封闭自己，某些想法让你进行强迫性行为来安慰自己，或者某些想法让你从事冒险的行为，让自己受伤。

内心批评声　　　　　　　　　　　　相应的行为

水平1：带来低自尊和自我挫败　　　水平1：
行为的想法

_____　　_____

_____　　_____

水平2：支持自己沉迷于成瘾行　　　水平2：
为的想法

_____　　_____

_____　　_____

水平3：带来严重自我破坏行为　　　水平3：
的想法

_____　　_____

_____　　_____

年长后我们对自己的嫌弃与贬低

　　内心批评声呈现出程度上的差异，从鼓动我们放弃最爱的活动，到恶意攻击我们最简单的愿望，不同程度的自我批评构成了一个"连续带"。那些多年来放任内心批评的暴虐而毫不反抗的人，通常很难意识到这些自我攻击对生活的严重干扰，也看不到自己越来越容易受到"连续带"极端最消极的自我攻击的伤害。如果在生命中的某个时刻，那个饱受自我评判的折磨而意志消沉的自己突然醒来，意识到生命的虚空，就可能会因放弃和逃避真正的生活而感到内疚。这种内疚感往往以自我苛责的形式出现，绝望随之而来，循环升级，导致更为严重的自我破坏性行为。

　　令人痛苦的现状可能让我们快速地从消极思维的连续带上一路跌滑下去。如果我们失去亲人、经历挫败或遭遇不幸，往往会在意识到自己看待事物的态度太过极端和消极之前，先责怪自己没有做好。这时，我们可能开始体验到那些重症抑郁患者会体验到的情绪，然而对自己为何如此却毫不知情。然而，当我们因为失去而痛苦时，最容易轻信自己的内心批评声，因为它非常善于利用我们痛苦的情绪，做出与之一致的解释。那个批评的声音可能会夸大我们的任何缺点或错误，并高估我们在问题中所承担的责任。"我的确就是这个样子。"听信内心批评声的人往往会这么想。

　　随着自我批评声越来越强烈，越来越恶毒，人们会被对自己的愤怒吞噬，感到焦躁不安，极为痛苦，并且绝望地认为这种痛苦不可能被摆脱。他们可能对自己说：“你太没用了！谁都看不起你！你什么也不配拥有！”当人们听信内心的批评声时，对自己的认知就失去了准确性。换句话说，他们已不能区分怎样是现实而同情地看待自己，怎样又是恶毒而消极地看待自己。因此，每当有关自己的消极信念袭来，就只能顺从地照单全收，这是非常危险的现象。

正如前文提到的，抑郁者会将内心批评声所持有的观点当作是自己的观点。对于严重的抑郁症患者来说，内心的批评声如影随形，他们坚定地相信那些批评是对的，毫不犹豫地选择从内在敌人的视角解读一切，否定自己，并且依此行事，将自己禁锢在抑郁的人生中。于是，他们与真实的自我失去了联结，也因与亲密之人疏离而感到绝望。

内在批评声往往具有欺骗性，听起来似乎很有道理，因此当我们被卷入沮丧的漩涡时，它还会玩另一个伎俩——试图让我们相信：如果没有我们，家人和朋友肯定会更好。它可能会说：“你已经给家里带来太多麻烦了。如果你永远消失，他们就会很幸福。”虽然这种信念可能顽固地植根在我们的头脑中，但没有谁会因为所爱之人的离去而感觉更好，那只会是摧毁性的打击。

如何与抑郁作斗争

抗击抑郁最有力的武器就是意识到那些让我们感觉糟糕的消极思维及自我批评的态度。如果听信这些内心的批评声，就很容易放弃自己的观点，做出让步，经年累月，就会形成想要伤害自己的念头。我们越是沉浸于自己不够好的想法，并付诸行动去证实它们，这些自我厌弃的信念就会越发强健顽固。

尝试回想这样的场景：你意识到自己在逐渐放弃参加一项曾经很感兴趣的活动，并发现与以前相比，自己不再总能找到生活中的乐趣，越来越愤世嫉俗。你也许能忆起这些改变始于某一个时间点，从那时起你开始调整自己的行为，听命于内心的声音，它说："*出去见朋友多累啊，待在家里自己看看电视多好，多放松。*"而现在你绝望地想："*这一切有什么意义呢？没有什么是真正重要的。你的生命如此空虚，你根本没有什么朋友，有谁会在意你呢？*"

从这个例子可以看出，在事情开始走向极端之前就辨识出这些声音是多么重要，学会去挑战那些关于自身的扭曲看法也十分关键。一旦发现本章描述的感受和想法，我们就有必要采取行动从抑郁和忧虑中抽身退出。

识别自暴自弃的想法

是怎样的内心声音指使我们限制自己，让我们不再去尝试令人愉悦的或富有意义的体验呢？挑战自我拒绝的第一步，就是把这个声音辨认出来。要知道任何听起来很友好的声音，但凡它驱动了自我拒绝的模式，我们都要对它提高警惕。

练习6.4　关于自我拒绝和自暴自弃

这个量表帮助我们将那些自我拒绝的想法推到思维的前台，置于意识的控制之下。

圈出你体验到以下内心批评声的频率：

0=从不　1=很少　2=有时　3=经常　4=总是

0　1　2　3　4　你不去旅游就可以省些钱。

0　1　2　3　4　出去吃饭太麻烦，还是待在家里吧。

0　1　2　3　4　你不配得到快乐，你就是个讨厌的人。

0　1　2　3　4　打棒球、踢足球或者跳舞，这些活动有什么值得兴奋的？你还是休息休息，老实待着比较好。

0　1　2　3　4　看看你还有多少工作要做，你根本没有时间去消磨。

0　1　2　3　4　在性的问题上，你总是出各种状况，还是放弃为好。

0　1　2　3　4　为什么要劳神去约会？如果不约会，你就有更多时间学习。

0　1　2　3　4　看看你的朋友做了些什么，他们真不成熟。他们以为自己找到了乐子，但只是在愚弄自己，你不能像他们这样。

0　1　2　3　4　在充满悲剧的世界里，你不应该寻欢作乐。

0　1　2　3　4　你太老了，不应该谈恋爱。

0　1　2　3　4　为什么在爱情关系中要有激情？你还是安分一点吧。

0　1　2　3　4　什么都不再重要了。

0　1　2　3　4　为什么还要这么麻烦地去尝试？

0　1　2　3　4　什么事情都没意思。

0　1　2　3　4　为什么要多此一举地去交朋友？

0　1　2　3　4　这有什么用？这有什么意义呢？

0　1　2　3　4　你的努力都没用，为什么还要去尝试？反正做什么都是无用功。

练习6.5 理性思考那些自暴自弃的想法

在左侧一栏写下那些自暴自弃的念头，或是那些让你放弃兴趣的理由。然后在右侧一栏写下与之对应的可以用来反驳这些自我拒绝性想法的观点。一旦白纸黑字地写下这些自我限制的理由，你可能就会明显地看出它们有多荒唐。

例：

内心的批评声	更现实的想法
看看你有多少工作要做，你根本没时间休假。	我今晚可以多干一会儿，明天就去休假。工作不是一切，我也需要放松。
你不配享乐。	这么想太傻了！我当然可以心安理得地享乐，每个人都有享受生活的权利。
你太老了，恋爱不是你这个年龄的事情。	没有人会因为太老而不能恋爱。
你应该放弃，做什么都没有用。	我不想放弃，我的人生很重要。

内心的批评声	更现实的想法

识别自我孤立的想法

当人们一步步远离亲密的朋友或爱人，寻求离群索居的孤独生活时，他们就逐渐与自己的真实情感隔断开来，变得越来越麻木了。他们时常沉浸于强迫性的痛苦回忆和自我攻击中，对自己的感觉越来越糟，也越来越想远离他人。

许多人告诉自己隐私和孤独是必要的，这种想法听起来很有道理，难以反驳。的确，为了能够创造性地、专注地工作，我们需要一定程度的孤独。然而，长时间没有社会交往的孤独状态毫无疑问有损于人的心理健康。

一位多次尝试自杀、与死神擦肩而过的女士在回忆起自己的心路历程时谈到，在她采取自我破坏行为之前，内心有个声音告诉她："*你从来都没有自己的时间，没法去做自己想做的事情。你需要独处，这样才能好好思考。*"然而，一旦她在独处，就开始计划各种自杀的细节。在她的回忆中，当身边有朋友时，自杀的念头从未出现。可是当她受到内心批评声的驱使而封闭自己时，那些恶性的自我攻击和自杀冲动就乘虚而入，让自己无力招架。

不可否认，我们需要独处的时间。但如果我们发现独处中的自己一直陷入自我批评的泥潭，不由自主地为自己不能控制的状况而担心，那么独处就是会导致自我破坏的选择。

练习6.6　关于自我孤立

这项练习帮助我们察觉到促使我们封闭自己的内心批评声。

圈出你体验到以下内心批评声的频率：

0＝从不　1＝很少　2＝有时　3＝经常　4＝总是

0　1　2　3　4　　一个人待着，读点书，看看电视，没有人打扰，这不是很好吗？

0　1　2　3　4　　最近工作太紧张，你需要一个人待着。

0　1　2　3　4　　为什么今晚要和朋友出去？你就待在家里放松一下好了。

0　1　2　3　4　　你需要离开人群，这样就能好好想想事情。

0　1　2　3　4　　整天被人围着，还是很烦的。

0　1　2　3　4　　你唯一能放松的方法就是独处。

0　1　2　3　4　　你需要更多独处的空间和时间。

0　1　2　3　4　　这些人跟你不是一路人，何不走开一个人待着？

0　1　2　3　4　　参加聚会很麻烦，你必须打扮得衣冠楚楚，还要强作欢颜。就待在家里好了！

0　1　2　3　4　　有人在身边你也不会开心，你就应该一个人待着。

练习6.7 理性思考那些自我孤立的想法

这项练习帮助我们识别那些鼓动自己与外界隔绝的内心声音。在左侧一栏，写下促使你选择长时间独处的消极思维；在右侧一栏，写下如何从现实和理性的视角看待这些想法。

内心的批评声　　　　　　　　　　更现实的想法

_____　　_____

_____　　_____

_____　　_____

挑战抑郁的步骤

要战胜导致抑郁的内心批评声，可以尝试下面的步骤：

1.在自我破坏的恶性循环之初，就识别出消极思维，并去挑战它。

2.与比较乐观的好朋友谈一谈你的想法。避免与消沉的朋友谈心，他们会使你感觉更加糟糕。

3.强迫自己去参加一些以前曾经觉得有趣的活动。即便你现在根本提不起劲儿，但要相信这些活动会帮助你战胜淡漠、疏离、缺乏能量等抑郁的症状。

识别导致抑郁的想法

如果我们无法将消极的思维模式识别出来，它就会对我们的行为和心情产生越来越严重的持续影响。因此，能够意识到内心的批评声在说什么，意识到它如何影响我们的行为，就变得至关重要。

练习6.8　关于抑郁

问卷中描述了一些在人们感到抑郁时，头脑中出现的消极思维。你对这些描述有共鸣吗？这份问卷能够帮助我们把那些导致抑郁的想法识别出来。

圈出你体验到以下内心批评声的频率：

0＝从不　1＝很少　2＝有时　3＝经常　4＝总是

0	1	2	3	4	你没有哪里可以归属。
0	1	2	3	4	你是个糟糕的人，什么也不配拥有。
0	1	2	3	4	你照照镜子，看自己多么丑陋！没有人会支持你。
0	1	2	3	4	这个世界一团糟，有什么值得你关心的？
0	1	2	3	4	其实你的朋友们讨厌你。
0	1	2	3	4	你的生活无聊又空洞。
0	1	2	3	4	永远不要太开心，铡刀随时会落下来。
0	1	2	3	4	你就该承受那些不幸的事。
0	1	2	3	4	没有人会真的喜欢你。你就是一个不可爱的人。
0	1	2	3	4	所有发生在你身上的不幸都是你活该。
0	1	2	3	4	你看不到自己给家庭带来的影响吗？你不知道自己让他们有什么感觉吗？
0	1	2	3	4	你不关心任何人，你这一辈子从来没有关心过任何人。

0	1	2	3	4	不要让任何人发现你的感觉有多么糟糕。
0	1	2	3	4	你以为自己是谁？你什么都不是。
0	1	2	3	4	谁会爱你？你一无是处。
0	1	2	3	4	你什么也不配拥有。
0	1	2	3	4	如果没有你，你的家庭会更好。默默走开是你目前唯一能做的正事。

练习6.9 抑郁：内心的批评声和真实的你

　　在左侧一栏写下你的任何自我破坏性的想法，包括那些使你想要放弃自己喜欢的活动、封闭自己，或让你对自己感到愤怒、恶意和羞耻的想法。在右侧一栏写下在同一个问题上，更为现实的、自我关怀性的想法。也许有些想法只在你人生低谷的时候才会出现，现在已经消失了。但如果每当你感到不安和压力时，这些消极思维都会涌现出来，那么仍建议你去好好审视和挑战它们。

　　我们应该意识到，即便体验着诸如练习6.8中的那些比较极端的想法，也并不意味必然会抑郁或想要自杀。但是，如果这些想法带来了深切的痛苦和严重的破坏性影响，寻求专业帮助会是最明智的选择，此时我们非常需要与能真正提供帮助的人沟通自己的消极思维（附录一提供了关于如何挑选咨询师的建议）。

内心的批评声　　　　　　　　　　更现实的想法

_____　　　　　　_____

_____　　　　　　_____

_____　　　　　　_____

与好朋友谈谈

当我们和值得信赖的好友谈论自己的消极思维，把内心的批评声说给别人听时，就获得了将它们置于现实之下被检验的机会。千万不要将谈心的对象选为那些自身就很抑郁、世界观比较消极，或会表达出过度同情的朋友，尽可能选择那些能认识到自己的消极思维，并能理解其危险性的朋友。

在谈心之前，我们可以请这位朋友阅读一下本书的第一章。当我们袒露自己内心的消极声音时，对方如果能够以开放的态度来倾听，能够针对我们错误的消极思维提供现实的、富有同情的反馈，那么他就是一个很好的倾诉对象。最重要的是，要选一个意气相投的人，他对我们的欣赏和认同超过抑郁状态下我们对自己的欣赏和认同。有些幽默的朋友会以搞笑的方式让我们认识到自己的消极信念是多么荒谬，这也很有帮助。

不要怕出丑，不要怕承认自己的感觉有多糟糕，把长久以来埋在心底的想法袒露出来，把那些让我们无地自容的内心批评声说出来。在这个过程中，当我们意识到自己过去是多么被动地相信并任由内心批评声的摆布时，我们可能会为自己感到悲哀。

快乐活动计划

身体活动能够缓解紧张，带来快乐，是抑郁的解毒剂。在计划一项新活动之前需要确认，我们选择的是真正能给自己带来快乐和满足感的活动，而不是那些被视为日常杂务或辛苦乏味的差事。这点很重要，因为刚开始我们可能很不愿意去从事一项新活动，经常感到精疲力尽，无法想象各种活动怎么会带来快乐，甚至回忆不起来自己曾享受过的那些活动、游戏、运动或聚会。当我们逐渐恢复活力后，也可以在日常活动中纳入琐事。

写下能让自己快乐的活动清单，这些活动曾让我们享受其中。比如，你可能曾因艺术或摄影而兴奋，也可能热爱游泳、跑步、轮滑、溜冰、滑雪等运动项目，又或许喜欢划船、旅游、读书充电、拜访朋友……

在抑郁状态中，人们的动机、兴趣、主动性很大程度上都受制于内心的批评声。因此，如果我们选择了某一项活动，妨碍我们采取行动的想法可能就会跳出来，分析探索这些想法将是一件有价值的事情。

练习6.10　快乐活动计划

在左侧写下你打算从事的活动，每周花点时间在右侧写下脑中出现的任何阻挠自己参加这些活动的消极念头。

我计划进行的活动　　　　　　　每周记录：阻挠完成计划的内
心批评声

_____　　　_____

_____　　　_____

_____　　　_____

_____　　　_____

如果你能顽强地坚持参加你选择的活动，那么内心阻挠的声音就会慢慢变弱。

特蕾莎的故事

特蕾莎在患抑郁症之前很喜欢徒步，所以她决定每天坚持快步走20分钟来对抗抑郁的心情。几周以后，她报告：

"我刚感觉好一点，脑子里就出现一个类似于恶毒巫婆的声音，她有点像《绿野仙踪》中那个邪恶的西方女巫。我现在很清楚，如果我不管她在我脑中如何大叫，仍然每天坚持走路，她对我施加控制的魔力就会消失。这个女巫虽然在开始时尖叫又咆哮，但很快她会化为乌有，最终变成地板上的一滴污水。我脑中到底回响着什么声音呢？就是那种声音让我看任何事情都是灰色的、阴郁的。现在它虽然还在我脑中小声唠叨着消极的话语，但已经不再那么活跃，也不会像过去那样控制我的生活了。"

无论多么难受，我们都要坚持执行自己的行动计划。这样，我们就会重新点燃对生活的热情，逐渐恢复对生活的主动性和追求，重新过上更有活力的生活。

本章小结

如果一个人不再通过与现实世界或真实人群的互动来获得满足感，那么他将对生活越来越淡漠，也会越来越多地放弃曾经喜欢的事情。严重的抑郁症患者在与自我破坏性想法作斗争的过程中，往往会感到对生活的厌弃，不再能准确地认识自己，无法区分哪些是对自己真实的评价，哪些是从小接受的负面的扭曲评价。

把内心的批评声说出来——让它们出来见见光，能够有效驱除抑郁的状态。要做到这一点，以下三步很重要：①识别和挑战那些让我们感到无望、无助和绝望的核心消极信念；②与值得信任的、关心我们的朋友开诚布公地谈谈这些信念和想法，以重获对自己的真实评价；③投入能给我们带来快乐和能量的活动。

本章的练习能帮助我们提高对自我破坏性内心声音的意识，增强对可能诱发自我攻击的特定事件或情景的觉知。更重要的是，把内心的批评声写出来，将它暴露于日光之下，有助于我们摆脱其控制，去选择更符合自己目标、兴趣和价值观的行动。在寻求个人发展、追求持续成长的道路上，练习中的表格其实可以时常被拿出来使用，它们是促进自我了解的好工具。

第七章　如何做足够好的父母

　　著名儿童心理学家爱丽丝·米勒指出："那些童年时被父母以保护、尊重和诚实的态度对待的人，在青年和成年期会表现得更聪慧、更尽责、更有同理心，拥有更高的敏感性。他们会更享受生命中的快乐，更少伤害自己或他人。"但当今的父母大都是在艰难的压力状态下努力养育出健康的孩子。研究显示，对孩子成长最有利的情况是，至少有四到五位慈爱的成人真正对孩子感兴趣，关心他们的成长。然而，在父母皆忙于工作，辛苦养家，找不到可以信任的其他成人协助育儿的情况下；在单亲家庭越来越多，父母一方只能独自抚养孩子的情况下，营造这种理想的氛围对很多家庭来说并不容易。

　　除了外部压力之外，在育儿过程中最突出的问题，来自于我们的原生家庭。为了成为更棒的父母，为了与孩子建立安全的依恋关系，我们需要探寻自己童年时代的经历留下的影响，面对愈疗过程中的痛苦，重新认同和接纳作为独特个体的自己。在认清了对待孩子的态度源自哪里之后，父母就能对自己施加在孩子身上的防御性行为有所控制。

在本章中，我们首先呈现几个由父母讲述的故事，他们勇敢地披露自己在与孩子互动中的真实感受，并坦诚地讨论了那些让自己在事后感觉到羞耻和内疚的不当言行，这些话题在常见的育儿书中鲜有涉及。此外，我们还提供了有关育儿的指南和建议。

长大后，我就会成为你吗？

"我曾发誓绝对不要像父母对待我一样对待自己的孩子，但现在却发现自己的行为与他们如出一辙。"这句话描述了育儿过程中最令人困惑和沮丧的一面。即便人们有最美好的愿望，却常常发现自己对待孩子的方式是在复制当年父母对待自己的方式。我们要先了解消极的养育方式是如何、为何会这样一代代传下去，才能迈出打破怪圈的第一步。

消极育儿方式的代际传递会经历三个阶段：

1.所有人在人格形成的过程中，都在一定程度上经受过拒绝、剥夺、敌意和精神创伤。当父母在情绪上或身体上失控，对孩子严苛以待时，孩子就会以内心批评声的形式，内化父母在那一刻的感受、想法和态度。换句话说，孩子接受并认同的，是父母在最糟糕状态下对他们的看法，而非平日里正常状态下的看法。

2.孩子在一生中都保留着这种敌意的内心批评声，用它来约束、限制、惩罚自己，就如同父母一样，自己管束着自己。

3.当孩子也变成父母时，他们有强大的冲动把这种管束的模式施加在自己的孩子身上。在我们和孩子之间剑拔弩张时，可能会发现自己的

鸵鸟心理：为何我们总是害怕与逃避

言行正复制了年少时曾发誓绝不如此的方式。我们不敢相信如此不堪的话是从自己口中说出的，甚至想要回头看看发出此声的是不是另有其人。在情绪爆发的这一刻，就轮到我们的孩子来内化我们的严苛态度了，这种态度最终变成孩子内心的批评声。由此完成了一轮代际间的传递。

萨曼莎和朱莉的故事

五十岁的萨曼莎谈到，在女儿还小的时候，她时常因为需要花费太多时间精力照顾她而感到愤恨。她说道：

"女儿哭的时候，我就必须停下手里的事情去喂她，这时我会恨她。我在任何时刻都有可能被打扰。她只要有需要，我就必须去回应。喂她的时候，我心里都是怨恨。不过在那之后，我又会为自己的这种情绪感到内疚，而且我也意识到我父母过去也是这样对待我的，那些场景以前都是模糊的，现在逐渐清晰浮现出来。

"我意识到，每当我情绪低落时，就在默默告诉自己，"不要用你的问题麻烦老公，不要去麻烦朋友，不要再去麻烦任何人。你总是别人的负担！"这肯定是我母亲对待我的态度，我后来也把自己的女儿看作是负担。我还记得有段时间我听不到女儿哭，总要等丈夫或者别人告诉我，我才意识到她哭了。所以那段时间我都没有去理会她的哭闹。"

朱莉，萨曼莎22岁的女儿，常常否认自己的需要，很少表达自身诉求。她说内心有一个批评的声音在告诉她：

"不要向别人提出要求，你不配拥有，你需索无度。不如就安静地待在角落里吧，不要让别人注意到你。因为你不够好，要的太多，没人想给予你什么。对丈夫、朋友以及其他每一个人而言，你都是一个负担。"

在识别出这些消极的想法之后，朱莉意识到自己对两岁的儿子杰克，竟然也使用过类似于母亲对待自己的方式。每当她为杰克安排临时看护保姆的时候，都在心里自言自语：

"你怎么能让别人来照看他？他总是哭哭唧唧，又黏人，一会儿要这一会儿要那。他现在是最讨厌的年龄——两岁的小恶魔，你怎么可以把照顾他的负担抛给别人呢？就自己来照顾他吧，不要麻烦别人了。"

孩子的纯真、活力和自由让作为父母的我们回忆起自己幼时受到的伤害。这些联想激活旧伤，进而威胁到防御系统，让我们莫名其妙地体验到对孩子的愤怒和不满。

此外，如果我们自身曾经在某个成长阶段体验到痛苦和创伤，那么当孩子成长到这一阶段时，我们会感觉相当不舒服，常常会采用当年自己被对待的方式来对待孩子。

泰德的故事

泰德谈到他对四岁的儿子查理的感情。泰德多年以来一直想要孩子，特别是想要一个儿子。他与妻子为此费尽周折，在咨询生育专家、考虑各种方案后，最终成功迎来了查理。然而现在泰德却痛苦地发现自己对儿子没有亲近的感觉。以下是泰德与咨询师费尔斯通的对话。

泰德：　　"我发现自己对成人的亲近程度远远超过对查理，我甚至会想，等他长大了，我们是不是就会更亲近一点。我曾在试图找出原因的时候想到，我避开查理的方式，其实就跟我小时候被父亲避开的方式一样。我自己都未曾得到的东西，又怎么可能去给查理呢？然后，我开始回忆起父亲从我一岁到四岁半都不在我身边这件事。"

费尔斯通："你觉得，如果你对待查理的方式不同于你小时候被对待的方式，就会产生痛苦。这种模式好像给你带来了很多痛苦。它让你重新经历了一次自己幼时感受过的痛。所以，如果让你温柔敏感地对待查理，你会觉得很困难，因为在你小时候这种温柔对待是不存在的。你父亲的缺位让你难受，就像你描述的那样，他避开了家庭。在一定程度上，你与查理的关系发展成了相同的模式。"

泰德：　　"是的，我与查理之间很少有真正的情感联结。就算我在他身边，也没多少情感联结。"

费尔斯通："即便与他近距离接触，你还是倾向于隔绝自己的情感。"

泰德：　　"的确如此。让我吃惊的是，我对成人，甚至其他孩子都会有更好的适应状态，唯独对查理不行。"

费尔斯通：“你觉得是为什么呢？”

泰德：　　“因为我不能给他我自己没有得到过的东西。”

费尔斯通：“那样做也会让你觉得难过。”

泰德：　　“是一种羞耻和悲哀的混合感受。他在那里有所企求，就如同我幼时那样。其实并没有什么真正的原因。我甚至不相信自己做不到，但我知道自己的行为是不理性的。”

　　来自于孩子的爱和依恋，唤起了父母无法自持的痛苦体验，致使有些父母在与孩子亲密接触之际骤然抽身。事实上，这些无法与孩子保持亲密关系的父母自身带着防御的盔甲，他们不愿意看到自己压抑多年的情感在与孩子互动的温柔时刻被唤醒。

"时时刻刻的无条件之爱"本就是个神话

　　“我没有时时刻刻都在爱我的孩子。”这句话反映了大部分父母都会有的担心。首先，父母有必要了解这一点：无条件的爱是不存在的。我们的文化和价值观体系都认为“父母应该无条件地爱孩子”，然而这是一个不切实际的神话。相信这种观点给父母带来了罪恶感。父母也是人，有人的弱点和局限，不可能是完美的，也不可能是永远完全充满爱的。因此，我们为没能实现这个神话而自我攻击，显然是荒唐的。

父母对待孩子的矛盾态度其实也折射了父母对自己的矛盾态度。我们爱孩子、悉心养育孩子的事实不应因为有时对他们心生怨愤而被抹杀，偶尔消极敌意的情绪不会抵消爱意和关心。在所有的关系中，都有一定程度的矛盾态度存在。如果认识不到这种对人对己的矛盾态度，我们就无法敏感体贴地对待孩子，也会引发他们不必要的痛苦。只有学会关爱自己，理解自己的消极态度源自何处，我们才可能为孩子的健康成长提供足够的温暖、关爱和必要的约束。

许多父母不愿承认自己的某些缺点和不足，反而会觉得是孩子身上有这些毛病，并对此严加惩罚。为什么会如此？因为父母不愿承认的那些自身不足就如同垃圾，而孩子成了垃圾桶。若家里有几个孩子，可能其中某个会被挑出来担此重任，或者不同孩子被贴上不同标签，分别盛放各种被父母投射的缺点。因此，在想要批评惩罚孩子时，我们有必要先问问自己："我因为什么生他的气？为什么这么恼火？真的只是他的原因吗？这些情绪有没有可能来自于我对自己的不满？"

比如，有一位谈性色变的妈妈否认自己有性欲，相反为女儿越来越性感而感到担忧。她害怕女儿在青春期会变得不自重，于是对女儿的活动密切监控，偷看她的邮件，翻检她的东西和作业，企图发现她与男生交往的线索。在女儿上大学之后，预言不幸变成现实，女儿的确与不少男人产生了性关系。总的来说，孩子对父母贴在他们身上的负面标签会照单全收，借此在心中维护父母被理想化的形象，却终生将自己囚禁于狭隘的标签系统中，并基于被贴上的标签形成自己在家庭内的身份认同。

孩子在人生早年受到这样的伤害，是一件很不幸的事情，他们长大之后会很难去喜欢或者爱别人。到了上学的年龄，很多孩子已经不再是曾经那个容易去爱人、自身也很可爱的天真娃娃。他们可能已经偏离了天性，开始表现出负面的行为模式和性格特征，比如喜欢哭哭啼啼、爱发脾气、动不动就抱怨，或者操控别人。人们常认为，孩子的这些毛病"过了这个阶段自然会好"，但事实并非如此。

对父母来说，发现孩子有这类行为后，除了惩罚，更具有建设性的做法是找出行为原因。比如当手足之间有矛盾时，父母不应睁一只眼闭一只眼，由他们内斗下去，而要有兴趣了解他们的争论，体察其中微妙的想法。孩子间的相互攻击如果没有得到充分的理解和适当的处理，就会持续下去，直到在青春期和成年之后发展为更复杂的防御行为。

如果你正在为孩子不当的行为苦恼，可以问自己以下几个问题：孩子的行为是想表达什么？他的感受是气愤、受伤、受挫，还是害怕？他是在用这些行为来抵御痛苦或悲伤的感受吗？有没有哪件具体的事情影响了孩子的心情或行为？孩子是不是做了某件让你恼火的事情？同样的事情是否也发生在你年幼时，你也曾被大人教育不得如此？你有没有与孩子谈谈，了解他真正的感受？

不幸的是，很多父母不给孩子机会去处理伤心事件。他们往往会阻止孩子表达烦恼，看不得孩子哭泣或者抱怨。其实这种方式反而延长了孩子的痛苦感受。不给孩子发泄痛苦的出口，就是在教孩子压抑自己的情绪反应。

给父母的养育建议

为人父母的终极目标就是把孩子培养成为正派、受欢迎，又能享受平衡生活的人。正如本章始终在强调的，重新获得对自己童年体验的感受，可以帮助父母更好地实现这一目标。此外，下面的一些具体建议，也会对为人父母者有所帮助。

免除不必要的规则

我们建议父母避免设定不必要的限制、规则或者标准。这听上去可能让人惊讶，但在有效促成孩子社会化的过程中，必不可少的规则或限制其实并不是很多。如果规则只针对重要的事项，并能持续坚守，父母对孩子的教育目标则更容易实现。在细枝末节的小事上，不必太较真地与孩子对峙，比如"必须吃完蔬菜，否则就没有零食"。对孩子只提出有限的几个规则，然后坚决地执行就可以了。

我们需要对孩子清晰阐明所提出的标准和规则。随着孩子越来越成熟，父母可以向他们解释规则背后的原因，告诉他们学会自控的重要性。在执行明确的规则时，父母不宜让孩子错误地认为他对此事有选择权。比如，如果我们对6岁的孩子规定了上床时间，那么不需要每晚问他是不是想上床，只需要简单直接地以权威要求孩子："现在你要上床睡觉了。"而不是说"你想上床睡觉吗？"

做正面的角色榜样

心理学家发现，言传不如身教。在养育孩子方面，父母以身作则示范被鼓励的行为远比训练或纪律措施更有用。任何对良好行为的要求、规则和约定，与孩子对父母的认同和模仿相比，其效果都相形见绌。孩子通过日复一日地观察父母的行为，会自然而然形成自己的行为模式，因此父母要努力让自己的每一个行为都值得被模仿。

假如父母的行为受到内心批评声的影响，孩子长大也会有相同的行为，其表现包括以受害者自居、自我拒绝、放弃享乐、成瘾、被动、不诚实、虚伪、偏见、虚荣、吝啬、刻薄、冷漠、唐突、易怒等等。

此时，你是否发现自己人格特质或行为中的一些不足？这些特点是你从父母身上模仿来的吗？你的孩子有没有模仿过这些行为？你最不愿意看到孩子模仿你的哪个特点？对这些问题保持觉察，将会收到良好效果。

练习7.1　关于育儿行为

这份问卷将使我们更加了解自己育儿行为背后的内心批评声。

圈出你体验到以下内心批评声的频率：

0=从不　1=很少　2=有时　3=经常　4=总是

0　1　2　3　4　你搞不清楚宝宝有没有不舒服，你也做不到让他更舒服。

0　1　2　3　4　你对怎么做父母一无所知。

0　1　2　3　4　你不知道怎么抱孩子，可能会把他掉在地上。即便你不会在身体上伤害他，也会在心理上伤害他。

0　1　2　3　4　你对孩子真是没有耐心。

0　1　2　3　4　谁会在意你作为父母的感受？你的感受不重要。唯一重要的是你丈夫（妻子）和孩子的感受。

0　1　2　3　4　你的宝宝非常黏人、闹人、磨人。

0　1　2　3　4　你多年来一直想要宝宝，可现在有了宝宝你却总盼他睡觉，你有毛病吧？

0　1　2　3　4　孩子应该配合你的生活，不要添乱。

0　1　2　3　4　宝宝总是哭，你肯定是做了什么不对的事情。

0　1　2　3　4　你小时候挨过揍，所以才懂得是非。管教孩子最有效的方法就是体罚，这是为他们好。

0　1　2　3　4　（父亲）男人不知道该怎么照顾宝宝，这事还是要太太来做。

0　1　2　3　4　（母亲）男人不知道该怎么照顾宝宝，所以你该亲力亲为。

0　1　2　3　4　你不能让孩子随心所欲，无论用什么方法，都应该让他们知道到底是谁说了算。

0　1　2　3　4　你不能宠孩子，应该由他哭着睡着。

0　1　2　3　4　不能让孩子看到你为他骄傲，这样孩子会骄傲自满。

0　1　2　3　4　孩子天生就贪婪、自私、有攻击性，必须接受教化才能变得有教养、不自私。

0　1　2　3　4　要早点立规矩，这样孩子长大才不会变坏。

0　1　2　3　4　对青春期的孩子要密切关注，必要时偷看邮件和翻检个人物品也是可以的。

0　1　2　3　4　你怎么可以觉得自己小时候受到了情感剥夺？你拥有一切，父母双全，还有姐姐，住在好房子里。你作为父母有问题，只能怪自己无能。

0　1　2　3　4　孩子又当众失礼了，看看你有多丢人！

0	1	2	3	4	这孩子在试图烦死你。
0	1	2	3	4	孩子看上去多不开心，这都是你的错。
0	1	2	3	4	宝宝总是这么早醒来，就是想打扰你睡觉。
0	1	2	3	4	你又向孩子让步了，你总是不能说到做到。
0	1	2	3	4	这孩子垮掉了，就跟他爸爸（妈妈）一个样。
0	1	2	3	4	你那么容易生气，总是在发脾气。
0	1	2	3	4	孩子会知道你说到做到，快去揍他一顿吧。
0	1	2	3	4	孩子已经长大了，跟他搂搂抱抱不合适。

奖励而不是惩罚

心理学家发现，奖励能够提高被奖励行为的发生频率；而惩罚在制止不良行为方面的效果却没有那么好。对于伴随着奖励的微笑、夸赞、亲切抚摸，孩子们会做出积极反应；但惩罚往往让孩子感觉到害怕、羞耻、内疚和愤怒，在被严厉惩罚之后，孩子大多记不住客观的教训，只会记住当时的恐惧感受。

有些父母喜欢喋喋不休地通过唠叨、埋怨、说教来规范孩子的行为，效果一般都不好。这些方式本质上也是一种惩罚，虽然激起了孩子的不满和气愤，但又控制不了他们的行为。比较好的做法是把赞许、有依据的奖励、真诚的赏识（不是虚假夸奖或者逢迎），与承担做错事的消极后果相结合。我们不建议父母直接用金钱来奖励好行为，因为这种做法将孩子的良好行为置于功利交易，而非美好品质的基础之上。

避免体罚

不打孩子、不体罚孩子，这一点特别重要。如果想控制住孩子，比如制止他冲上马路，我们可以牢牢抓住他，可以严厉地叫住他，甚至可以强行把他拉到你想要他去的地方，但完全不需要动用武力。

父母自身的人格发展得越健全，就越擅长应对孩子的恼人行为。如果父母能够接受和理解自己的各种情绪（如愤怒），就能控制好对孩子的情绪表达，约束自己的攻击性行为。

接受自己的愤怒，在导火索越燃越短之际控制愤怒爆发的冲动，需要一个长期的学习过程。育儿专家一般会建议我们给自己一个冷静期：从孩子那里往后退几步，深呼吸，慢慢地从二十倒数到零。当我们感觉自己的怒火已经在可控范围之内时，可以与孩子一起听点音乐，或者读个故事来转移注意力。如果条件许可，还可以把现场交给别人，让自己休息一下，冷静一下。其他养育者会拓宽我们看待孩子的视野，也有助于分担抚养孩子的责任。养育者之间分享对孩子情绪和身体的关心，可以减轻育儿压力，让我们在育儿时更为放松，也更有效能。

练习7.2　因孩子生气时，你在想什么？

如果你不知道怎么处理自己愤怒的情绪，可以在练习的左侧一栏写下自己生气时在想什么。这些想法有没有折射出你对自己的消极态度或内心的批评声？在中间一栏写下来。有没有哪些想法，是大人对幼时的你说过的？在右侧一栏记录这些话语。

比如，一位父亲在左侧一栏记录下他对自己三岁儿子的愤怒："这个小孩要把我逼疯了！"然后，他回想起在自己的成长过程中，这正是他母亲对亲戚朋友抱怨过的话，每当她母亲发火时，邻居都能听到高分贝的吼叫："你要把我逼疯啦！"在仔细琢磨自己生气时的想法后，这位父亲意识到，其实自己内心有无数的批评声在说："你总是惹麻烦！为什么你不能自动消失？没有人真正喜欢你。你让同事抓狂。为什么你不就此闭嘴！"

写下内心这些怒气冲冲的批评声，回溯这些想法的来源，我们可能会回忆起自己童年时代被父母、亲戚、兄弟姐妹，或是老师粗暴对待的场景。

生气时的想法	内心的批评声	幼时受到的与之类似的愤怒指责

不要以空洞的威胁强化试图建立的规则。我们经常听到父母对孩子重复警告着："如果你不乖，你就不能去看电影/去公园/出去吃饭。""如果你停下来，就等着挨揍吧！"实际上，这些威胁很多只是说说而已，即便真的实施了，也只是做做样子。不会被兑现的威胁显然没有效力，而且会瓦解父母的权威。这种方式其实反而是在教孩子：可以做错事，做错事不会带来什么恶果。

避免使用评判的态度

评判的、说教的态度会降低孩子的自尊感。这种态度在告诉孩子：因为你哭了，因为你不开心，所以你不好；因为你有需要、愿望、欲求，所以你不好；因为你生气了，所以你不好。许多使用说教式管教的父母也许没有意识到，自己在无意识中就认为孩子天性是坏的，用防备管束坏人的方式对待孩子，用讲道理、训诫的方式来培养孩子的优秀品质，却往往适得其反。尤其是当父母的所作所为有违自己宣扬的道德原则时，那就更加有害了。其实，孩子不可能天生邪恶，如果父母自身正派、有道德，他们不需要特意教授道德规范，孩子就能在对父母的观察中学会好行为。

千万不要让孩子感觉到，有诉求不是好事，想要得到什么就是自私。孩子的愿望是其人格的重要组成部分，是他们独特志趣的表现。父母要留意孩子因为什么而兴奋，什么东西对他有特别的吸引力，然后尽量去支持孩子人格中的这些独特方面。

在管教孩子时，一定要传递这样的信息：他有让人恼火的冒犯行为，但这并不说明他就是个坏孩子；要记得向孩子强调他这个人没有问题。孩子会明白让父母恼火的不是他这个人，而是他的行为，而行为是可以改变的。我们还可以用幽默的方法帮助孩子走出坏心情，放弃不良行为。幽默可以强化孩子积极的自我形象，同时又可以温和地攻击让人不愉快的行为。当然冷嘲热讽、夹枪带棒的语言不在此列，有些父母用这些语言来控制和羞辱孩子，这不可取。与此相反，在幽默揶揄的方式背后，对孩子的基本态度仍是尊重。

练习7.3　作为父母：内心的批评声和真实的你

　　如果在育儿方面，你对自己持有一种自责态度，那么这肯定会妨碍你成为一名有效能的父母。我们有必要把对自己的现实感知与内心的批评声区分开来。

　　在左侧一栏写下你在育儿方面的内心批评声，在右侧一栏写下相应的更为理性的看法。当然，你可能真的认为自己某些行为和态度存在不足，毕竟，父母也不是完人，但我们要做的是，将对自己不足的真实认知与夸大的敌意观点区分开来，因为后者是在持续地惩罚自己，并且无法促成行为上的进步。如果我们在育儿方面真的存在不足，那么把这些问题找出来，努力去改善，就朝理想父母又迈进了一步。

内心的批评声　　　　　　　　　　　　　更为现实的看法

_____　　　　　　　_____

_____　　　　　　　_____

_____　　　　　　　_____

_____　　　　　　　_____

_____　　　　　　　_____

允许孩子爱我们

　　孩子需要感受到自己对父母的爱，不仅爱父母所扮演的角色，还爱角色背后那个活生生的人。如果拒绝给孩子爱我们的机会，他们将在情感上受伤害。我们要学会接受孩子爱的真情流露，这听起来轻松，对有些父母来说却可能很困难。当孩子表达对我们的爱时，请留神此刻自己的反应，内心产生了什么情感。哪怕感受到的是辛酸和疼痛，也不要因此把孩子推开。

本章小结

能够最大程度对孩子有助益的，并不是我们为孩子自我牺牲，相反是要尽量过好自己的生活。如果我们致力于追求自己的目标，对孩子将是一种积极的角色示范。要想教给孩子如何好好生活，我们就要珍视自身的价值，接受自己的情感、诉求和价值取向，真心实意地投入到生活中去；要依照自己内心真实的意愿去生活，而不是被专制的内心批评声所操控。假如我们勇敢地挑战内心那些试图挫败我们的想法，保持全身心投入生活的热情和意愿，就自然会对孩子的个人发展产生积极而深刻的影响。

在了解了自我防御和自我挫败的想法如何产生、如何在代际间传递之后，我们会对未来怀有更多希望。我们有理由保持乐观，因为如果不臣服于内心的批评声，不按照它设定的消极模式来生活，痛苦和防御行为在代际间相传的链条就可以被打破。在发展、强化真实自我的道路上持续前行，我们自然就会成为好父母，孩子也会因此而发展出强大的自我。

第八章　开启不害怕、不逃避的美好生活

　　每个人都希望为自己和所爱的人创造尽可能好的生活。几个世纪以来，哲学家和宗教导师们都致力于描绘"美好生活"的样子。虽然他们对于这个问题有不同看法，但就苏格拉底所说的"未经审视的生活都是毫无价值的"这一点达成了共识。只有在追寻人生意义的过程中认真地考虑自己的愿望、目标和理想，然后慎重做出选择，我们才能够充分实现自己的潜能。

万能的"美好生活公式"存在吗？

　　过上美好生活意味着我们要去探寻在自己的防御系统之外有什么，要去探索在内心批评声开出的处方之外可以做什么，还意味着哪怕人际互动常不可避免地伴随着痛苦和折磨，我们仍要努力建立真诚的亲密关系。有些人认为幸福就是没有害怕、焦虑或痛苦等任何不快，但事

实上，追求这样的幸福并不能通往美好的生活。恰恰相反，真实地活着，意味着我们要对生活的所有维度敞开心扉——除了快乐，还有悲伤；除了欢愉，还有痛苦。在探索人生意义、追求目标的过程中，幸福只是一件副产品，我们还需要愿意承担必要的风险，并忍受伴随而来的焦虑。

过上想要的生活、开发潜能，是一项长达一生的工程，它要求我们全心地投入，并洞悉人类共有的核心品质。这些品质包括渴望寻求生命的意义；能够去爱，对人对己抱有关心；能推理和创新；能体验深层情感；渴望和需要社会归属感；有能力设定目标，并制定策略来实现它；意识到生命的短暂和孤独；以及能够并有意愿去思考生命的神圣和神秘。虽然这些能够肯定生命价值的潜能推动着人类生活得更好，但每个人发展它们的路径是独一无二的，取决于个体不同的能力和特定的生活环境，然而有一点是共通的，那就是这其中必然包括对于自我认识的渴望和对于未来的愿景。

因此，适用于每个人的美好生活公式是不存在的，它的各个维度都需要我们挑战内心批评声的限制，虽然我们不可能为获得美好生活画出一幅详细的蓝图，但一些行动可以帮助我们迈向更加自我肯定的人生状态。下面的行动指南作为本书前面章节提供的方法和练习的补充，能帮助我们更进一步破除防御，挣脱阻碍自由的桎梏。

"万能的"美好生活公式

一旦开始踏上寻找美好生活的旅程，我们就给自己增添了价值。大部分人的自我形象都曾受过打击，所以很难视自身为有内在价值的人。因此，我们要把自己从人生早年设定的形象中解放出来，学会用更加真实的、富有同情心的自我认知代替消极的自我认知，这是一项重要的、需要持续努力的任务。当我们不再通过内在批评声的扭曲滤镜来看世界，而是通过自己的眼睛来真实地观察，对于自身、他人和整个世界的理解将会发生改变。我们将变得像一位探险家，一位对自己内心世界的发现者，在那里，我们可以不加批评地体察和关注任何体验到的想法或感受。

与此同时，我们会带着真正的好奇和关心来看待他人和整个世界，会发现人们和自己没什么不同，大家都是脆弱之人，都在一定程度上受到过伤害，也都在努力让生活变得更好。我们将在更深的情感层面认识到，从终极意义上来说，所有的人都面临着同样的命运。

认识到害怕改变是正常的

这里要再次强调，当我们朝向情感更健康、防御更少的生活迈进时，可能会短暂地体验到恐惧。这是因为改变早年形成的固有程序并不容易，破除在原生家庭中形成的身份认同会带来风险，创造更加积极的生活状态需要勇气，成长必然与焦虑相伴。

在某种程度上，绝大多数人都害怕改变。正因如此，许多人仍被囚禁在防御的盔甲之中，区别仅在于程度不同。他们担心，一旦放弃防御，将会被焦虑所压倒，却没有想到，其实作为成年人，无论感受到什么，其强度都不会像最初在童年时所经历的那样令人无法喘息，不得不启动防御机制。事实上，我们必须去尝试，并承担一定的风险，确认在改变之后究竟会有什么感受。过上美好的生活其实是一个过程，就像是一段旅程，我们要逐渐习惯生活的持续变化，接受内心世界中出现的陌生地标。在通往更加自由、更能促进成长的生活状态的道路上，我们必然会逐渐体验到，新世界与我们儿时熟知的旧世界之间有天壤之别。

认识到痛苦是真实存在的

当我们还是孩子时，也许遭受过一定程度的情感剥夺、虐待、忽视或冷漠，这种痛苦一直持续到今天。许多人掩藏了这些痛苦，否定自己受过伤害，以至于会觉得自己的痛苦不曾真实存在过，自己没有理由不开心。我们可能会相信"局限性"就是自己的一部分，与生俱来，我们天生就有这些不足；而很难相信自己其实是无辜的——在我们身上确实发生了一些事情，使我们不得不建立起防御的盔甲，而它现在反过来限制了我们的生活。

理解自己的恐惧是有缘由的，自己的痛苦是真实存在的，这是一步积极的改变。仅仅是认识到这个事实，就能够让我们的感觉好很多，因为它让我们更接近情绪，更接近自己。

接受父母不是完美的

孩子天生是可爱的，但是如果父母无法表达对他们的爱，孩子长大后就会常常感觉自己不值得被爱。当孩子意识到父母没有爱的能力时，会陷入一种绝望的境地，因为他们的生存正取决于父母的"全知全能"。于是，孩子会选择相信是自己不好，如果自己变好了，父母就会爱他们。这种思维方式让孩子们得以保存希望的火种，但也让他们付出了巨大的代价。

把父母的形象想象得比实际上更强大、更积极、更有爱心，是在美化父母。在这个过程中，孩子就必然保持消极的自我形象，相信痛苦的原因并不是父母的不称职或软弱，而是自己不好或做错了事。很多人会带着这种消极的自我形象度过一生，内心充满了批评声，感觉自己不值得被爱。若要破除这一魔咒，就要对父母的优点和不足形成客观、现实的评价，否则消极的自我形象将很难被舍弃。

摆脱防御行为

作为人类，我们拥有卓越的能力去深入体会和反思自己的感受。学着去接纳所有的感受，理解并恰当地表达它们，对于保持情绪健康至关重要。只有生活中充满情感，我们才能以理性平和的姿态与他人交往。相反，如果与自身的感受隔绝开，对自己和所爱的人都会产生巨大的破坏作用。

鉴于此，我们有必要关注自己采用了哪些防御行为来压抑情感，可能是自我挫败、保留能力、自我否定、自暴自弃，或依赖于药物、其他物质、某种幻想、角色、形象……通过练习识别出这些特定行为背后的内心批评声，也许就能控制它们。

在朝减少防御、增强感受的方向努力时要意识到，我们与自己的防御机制并非密不可分，虽然当一种防御行为变成习惯时，它看起来就像是我们自身的一部分。我们需要理解，防御的形成在当时的状况下是合理的，但现在它已经过时了，已经对我们构成了限制。认识到这一点对于瓦解防御、重获人生真实感受至关重要。

积极找寻人生意义

作为人类，我们拥有一种直觉：除了物质上的成功之外，生活中还有"其他的东西"。我们需要找寻自己真正的人生意义，无论是通过人际关系、子女、工作，还是创造性的表达。人们在满足了最基本的需要之后，在有意愿参与到对自己、对社会和对未来更有意义的活动中去时，这种对意义的渴望，构成了美好生活的精髓部分。

当我们把情感和精力投入到体现自身独特愿望和需求的活动中时，就会发现自己为生活赋予了一种独特的个人意义。例如，艺术家在创造性的表达中找到意义；一些人在与亲朋好友的相处中找到意义；还有一些人为人道主义事业做出贡献，在改善未来、造福后代的活动中找到意义。

我们对人生意义的追寻还包括，试图在工作和个人生活之间找到平衡，为自己和所爱的人创造温馨的家庭环境。家庭中的每个人，正是在这种环境的滋养下充分实现自己的潜能。

认识友谊的价值

亲密的友谊与基于幻想纽带的关系非常不同。友谊和幻想纽带的主要区别在于沟通的质量。在友谊中，沟通的话题百无禁忌，和一位能够信任的朋友在一起，我们可以表达观点、分享感受；我们会对朋友如何看待我们很感兴趣，并能开诚布公地讨论这些看法，而不会互相责备；会为自己的焦虑和问题承担责任，而不会把朋友卷入其中；对彼此生活中的敏感领域，我们能够同情和关爱地交换感受和想法。

这样的朋友可以成为我们对抗内心批评声的战友。许多人发现，与亲密的朋友持续进行有意义的交流，能够减少内心批评声的攻击，缓解情绪低落或抑郁。如果一位朋友拥有我们欣赏的性格和品质，这也是一种财富，在个人成长过程中，我们可以以这位朋友为榜样，模仿他身上令人钦佩的品质。

友谊并非无源之水，与朋友在真实生活中进行互动是很重要的，不一定非得郑重其事地安排，可以只是一起欣赏日落，分享彼此的想法，享受作为人类的乐趣。只要是和朋友平等地交流，任何互动形式都可以。这里的平等并非是指技能、知识或智力上的完全对等，而是主观上的感觉，在友谊关系中，不存在"家长—孩子"这类心理上的等级。

"万能的"美好爱情锦囊

没有什么比在亲密关系中真挚地爱一个人，更能作为美好生活的最关键要素，更能让人能量满满了。正如第四章中强调的，爱是生活中的一大动力，可以驱散人生常伴的痛苦和绝望。学会给予爱和接受爱，我们就越来越接近美好的生活。

在我们的社会中，对"爱"这个词的使用太稀松平常，以至于它已经失去了真正的含义。其实爱可以被界定为能够提升彼此情感健康和幸福度的感受和行为，这才是爱的真正意义所在。仅仅在思想上和情感上爱一个人，不足以创造一份爱的关系。如果要真正地让伴侣在关系中受到积极影响，还需要通过爱的行为来表达，其表现包括慷慨、温柔、情感上的亲密、对彼此边界的尊重，以及相伴相随的意愿。

伴侣双方带进关系中的个人品质，可以在最大程度上预测他们对彼此间互动的满意度；因此伴侣一方的个人品质会以许多无法预见的方式决定对方的人生轨迹。如果你正致力于实现为亲密关系设定的目标，不妨试着从下列维度来对照反省自己的亲密关系。这些维度在促进理想的伴侣互动方面可以发挥重要的作用，在单身人士择偶时也可以作为重点考虑的要素。

虽然要辨识和评价长期持续的积极人格特质不太容易，但是某些品质在恋爱阶段就可以看得出来。如果你目前还在单身状态，曾经有过一段不尽如人意的关系，或是希望未来可以做出更好的选择，下面的表格会非常有用。表格中，评价伴侣的六大特征也可以用于要求自己，在关系的发展中我们可以把这些行为表现作为理想标杆，它们与幻想纽带关系中伴侣的行为特点形成了鲜明对比。

积极的品质和行为	幻想纽带关系中伴侣的品质和行为
非防御性和开放性	听到对方提意见就很恼怒；不接受新体验
诚实和正直	隐瞒和欺骗
尊重对方的边界、价值观、目标和兴趣	打破边界；只看到与自己有关的事情
肌肤相亲和性欲	缺乏情感；冷淡而例行公事的性生活
共情和理解（不扭曲对方的观点）	误解（曲解对方的意思）
不控制、不操纵、不威胁的态度和行为	控制、操纵、威胁的态度和行为

非防御性和开放性

　　令人满意的亲密关系中，最重要的两个要素就是开放性和不防御。不防御意味着对自己和伴侣形成一种客观、平衡的观点，能够接受对方对自己提意见。当人们在交流中有防御之心时，往往会对批评作出愤怒的反应，无论这种批评是温和的还是严厉的，也不管它是否准确。人们可以通过很多方式来威胁伴侣，包括转移话题、反唇相讥、情绪崩溃和哭泣，或是做出戏剧性的声明，比如"好吧，如果你真的那样想我……"或"如果我真的像你说的那样糟糕……"。毫无疑问，这样的话会让对方后悔提起了这个话题。一个人可能对于某些问题持防御性的态度或是过度敏感，却对其他领域的批评保持开放的态度。在一段婚姻或是长期亲密关系中，伴侣们很快就会知道哪些话题是"雷区"，会避免谈这类话题。然而，这种"审查制度"加剧了双方关系的紧张。

如果我们摒除防御心态，就会乐于接受新的体验，对习惯以外的学习和成长产生真正的兴趣。相反，若不能开放地面对生活中的不确定性，就会过得拘谨而刻板，太过重视确定性和可预测性，并以程式化的角色规范来应对生活。这些伴侣倾向于依赖熟悉的常规性活动，例如固定的周六晚约会，因为这会给他们带来一种安全感。

保持开放性允许我们承担更多的风险，让我们有强烈的愿望想要扩大自己的边界，拓宽体验的范围。何不抛开外部加诸我们的预设，试着把生活看作是一场冒险，看作是一段寻找个人意义的旅程呢？这将会是有价值的尝试。

诚实和正直

对于一段亲密关系来说，欺骗是非常有杀伤力的。谎言和欺骗粉碎了现实感，言行不一带来的矛盾信息，会在亲密关系中制造一种迷茫和疏远的气氛，使人们不再相信自己感知到的事物是真实的。外在言辞和内心感受之间的差异越大，关系就越有可能受到干扰和伤害，被背叛的一方最终会感觉自己从未真正了解过对方，这是一种毁灭性的感觉。此外，一旦伴侣彼此不忠不信，他们之间的交流会逐渐中断。

诚实可靠的人能够向他人和自己准确地展示自我。为了达到这种坦诚的状态，我们要耐心地了解自己，要愿意面对自己人格中可能不那么让人愉快的部分，朝积极的方向自我调整。

尊重对方的边界、价值观、目标和兴趣

在彼此真正相爱的关系中，每个人都会尊重对方的边界、兴趣和抱负。独立自主的人一般会通过他们言行，真诚地尊重伴侣的目标和价值观，即使两人的目标和兴趣并不一致。

有些人没有摆脱早年对家庭情感关系的依赖，往往期待从亲密关系和婚姻中获得超乎现实水平的安全感。他们常常会有不切实际的希望，希望自己的所有需求都可以在婚姻关系中得到满足。这种期待给亲密关系施加了非常沉重的负担；显然，没有人能满足这样脱离实际的期待。在以幻想纽带为特征的关系中，双方都感觉自己有责任要实现对方的期待。只有当我们认识并成为真正的自己，有足够的自我价值感，而且做到真正的独立时，才更有可能维持健康的亲密关系，在这种关系中，我们自己的自由和伴侣的自由被并列排在第一位。

肌肤相亲和性欲

在一段健康的亲密关系中，双方在感情上联系紧密，他们的情感和性爱都是水到渠成。他们都会把性关系看成是生活中令人满意的一部分，视之为一份礼物，一种欢愉的馈赠。他们用一种成熟的态度对待性，不会把它与生活的其余部分割裂。人们对于自己身为男人或女人的感受，对于自己身体的感觉，和对待性的态度能够加强他们的自我价值感和幸福感。

在以幻想纽带为特征的亲密关系中，深情的性行为可能会退化为没

有感情或机械化的例行公事，一方或双方只是利用这种性接触来缓解焦虑或增强自尊；另一种可能出现的情况是，性生活频率减少或完全停止。在这两种情况下，伴侣们错过了可能是亲密关系中最令人满意的部分。发生这种退化是因为，我们在最亲密的关系中，反而往往对爱最不宽容。其实亲密关系是一个独特的机会，让我们得以同时在情感和身体方面都能深刻地交流互动，而有人却在其中退缩，错过宝贵的体验，这是很可惜的。

共情和理解

在幻想纽带的亲密关系中，共情和理解是缺位的。如果一个人感觉自己没有被伴侣充分地倾听、认真地对待和理解，他的情感会受到伤害，甚至会感到愤怒。伴侣双方都可能基于自己内心的批评声去曲解对方，或觉得对方误解了自己，例如"他（她）就是不懂你，没人能理解你"。这种扭曲的认知会减少共情和理解，在伴侣间的互动和整体的亲密关系中产生破坏作用。

最让人感觉良好的，莫过于有人乐于见到我们真实的样子。真正的亲密感来自于彼此之间深刻的理解，包括看到对方的优点和缺点并且对积极或消极的特点和行为都不去夸大。这意味着我们要同等地珍视自己和爱人之间的相同点和不同点，而要想促进关系双方的相互理解，需要就其中的异同保持持续的对话。在理解的基础上，可以衍生出共情，也就是一方能对另一方在某个情境下的状态感同身受。

不控制、不操纵、不威胁

我们需要学习在亲密关系中直接表达需求和希望，而不是诉诸让伴侣感觉内疚或愤怒等间接手段（后者就是操控）。在幻想纽带的亲密关系中，双方可能会使用各种各样的手段来试图"让彼此保持一致"，比如唠叨、抱怨、纠缠、恐吓，以令对方不得不从，但是操控成功获得的满足感是虚浮的，而且往往转瞬即逝。

有些人会用专横跋扈的方式来恐吓他们的伴侣。如果对方不听自己的话，就施以言语虐待、身体暴力或威胁要离开，以此占据上风。也有一些人则过分依赖，表现出不成熟的行为，通过情绪崩溃、冷暴力、威胁要自杀等方式来操纵伴侣。在亲密关系中不操纵、不威胁，有利于伴侣间维持良好的感觉，进而滋生出对彼此的信任和安全感。

练习8.1　伴侣的理想品质清单

在理想品质和受内心批评声指使的消极品质之间，你认为自己和伴侣分别处于哪个位置呢？

圈出你和伴侣在生活中表现出下列品质的频率。

0=从不　1=很少　2=偶尔　3=频繁　4=经常

我	伴侣	
0 1 2 3 4	0 1 2 3 4	非防御性和开放性（能够倾听对方的意见，不过度反应；对新经验持开放态度）

我					伴侣					
0	1	2	3	4	0	1	2	3	4	尊重对方的边界（认为对方与自己不同的需求和价值观是值得尊重的）
0	1	2	3	4	0	1	2	3	4	脆弱性（愿意感受悲伤，承认受伤的感觉等）
0	1	2	3	4	0	1	2	3	4	诚实（直截了当，不欺骗，言行一致）
0	1	2	3	4	0	1	2	3	4	身体接触
0	1	2	3	4	0	1	2	3	4	性（对性关系满意）
0	1	2	3	4	0	1	2	3	4	共情和理解（不曲解对方，理解彼此的异同之处）
0	1	2	3	4	0	1	2	3	4	沟通顺畅（有共同的追求，感觉被理解）
0	1	2	3	4	0	1	2	3	4	非控制（不操控，不威胁）

在以下各方面你如何评价自己？

0	1	2	3	4	感到幸福
0	1	2	3	4	感到自信
0	1	2	3	4	感到乐观

在完成问卷之后，询问伴侣是否有兴趣比较一下你们在问卷上勾选的数字。你可以从讨论一个自己想要改进的维度（你的缺点或不足）开始，然后询问对方对这一点的看法或意见。在他表达看法时，你要努力

倾听，并吸取有益的反馈，而不用立刻给出回应。给自己一点时间去消化这些信息。要提醒自己，这些信息是来自于一位很了解你的人，而且他对你是善意的。基于问卷结果的讨论，可能会引发你们关于彼此优势和不足的感受。

"万能的"美好感受源泉

除了尽可能发展最令人满意的亲密关系之外，还能做些什么来提高生活的意义呢？首先，慷慨大方是一种良好的心理健康状态，它可以帮助我们培养良好的自我感觉。其次，学会专注于生活中的精神体验，可以为我们的存在增添意义感。最后，也是最重要的一点，意识到人人都面临的存在性现实，会让我们对世间苍生、对自己的悲悯之情油然而生。

更慷慨地表达善意

慷慨大方是指对我们的家人、朋友和其他人流露出共情和关爱。理想的慷慨行为不仅包括作为付出者的仁慈，还包括作为接受者的开放。

一个人可以通过慷慨的行为来抵制自我批评及对他人的怀疑。当我们以仁爱慷慨的举动，将对自己的爱蔓延至他人时，就挣脱了警告我们要克制善良天性的内心批评声的束缚。自由地与别人分享自己的资源或时间，就是在对抗心理防御，可以提升自尊感，让人感觉自己有价值。这是一个良性循环的过程：我们越是重视自己、珍惜自己的经历，就越有动力通过慷慨之举将这种珍视和赞赏传递给他人。有意愿为他人谋福利、付诸行动，会让人快乐，并赋予生命特殊的意义。

慷慨可以释放能量。当我们克服了紧张而退缩的态度，就会在生活的其他方面释放更多活力，产生更高成效。慷慨的精神是具有传染性的，当它被传递给别人，对方随后也会发现并体验到这种快乐。如果我们的慷慨行为表达了对他人的关爱，体现了让人感到安慰的共情，我们自身会体验到一种深刻的愉悦。随着对他人的需要愈加敏感，我们开始越来越在意他人的幸福，并把他人的感受置于我们想要退缩的冲动之上。

学会接受别人的慷慨和善意，与学会付出是同样重要的。在别人要为我们付出时，内心批评的攻击会变得异常猛烈。接受别人的馈赠，对幻想纽带中自给自足的幻觉构成了威胁。因此，学会接受别人的给予，对于打破这种心理防御至关重要。向为我们付出的人表达感激之情，这本身也是一种慷慨大方之举。

体会每一分钟的珍贵

"生命并非永恒"这一事实，可以为我们的生活赋予深刻的意义。想象一下生命即将终结的时刻，那时的我们会放下防御、袒露脆弱，意识到每一分钟的珍贵，并愿意在亲密关系中投入更多的自我。意识到死亡、直面悲伤和恐惧，可以激发我们更多的创造性，让我们对他人产生更多的爱。

一个情感健康的人，其心理防御程度应该是很低的，他热情地投入生活，以真诚的感受回应其中的乐与悲。如果情绪反应是基于现实的事件，而不受内心批评声或心理防御机制的左右，那么在该悲伤的时候，

鸵鸟心理：为何我们总是害怕与逃避

我们自然会悲伤。例如，2001年9月11日，大家打开早间新闻，几秒内就会被以下的新闻轰炸：

- 恐怖分子驾机摧毁世贸中心：恐致数千人身亡
- 自杀式飞机袭击五角大楼：死亡人数未知
- 总统宣称恐怖袭击是战争行为

我们作为有感情的血肉之躯，对生活现实有充分感知，会如何对这样的悲剧做出反应呢？

面对残忍的暴行，人的心灵几乎不可避免会筑起防御。然而，恰恰是充满欺骗和防御的思维及生活方式导致了这些残忍的、不公平的行为，带来了恐怖主义和种族战争，是这些防御思维剥夺了人们对自己和人类同胞的天然同情。

许多人错误地认为心理的成长会降低自己对生活中痛苦的敏感度，提升对烦恼的免疫力，让自己不会那么容易被失败、拒绝或丧失所伤害。事实却恰好相反。情绪健康的人对于有损其幸福或有损其亲近之人幸福的事件是非常敏感的，他们比受防御机制操控的人感受到更多的痛苦，而不是更少。

然而在硬币的另一面，减少防御能让我们更好地处理焦虑和压力，更不容易受到消极思维、沮丧和其他消极情绪的影响。我们对于情绪的态度越开放，就越能宽容接纳自己的非理性、愤怒、好胜，或其他"不可接受的"情绪。正因如此，在与朋友和家人的交往中，我们就不会再受到压抑情绪的驱使和鼓动，并表现出不当行为。

相比之下，那些保持自我防御、麻痹自己情感的人，常常对于别人小小的怠慢或自己想象中的拒绝做出夸张的反应，但是当他们面对真正的困难或逆境时却往往缺乏情绪反应。他们似乎与这个可以被直接体验的世界，始终保持着一步之遥的距离，对于生活中重要事件的反应只是遵循角色规定好的套路。所有防御行为都是为了压抑真实的情绪情感，因此，他们对事物的反应比较理性、自动化，缺少人性化色彩。

对于很多人来说，带着对生命存在性议题的意识来生活太过沉重，与之相伴的焦虑不安让人不愿面对，于是他们让自己陷入情绪慢性自杀的过程中，逐渐放弃对生活的积极参与。在这一过程中，内心批评声起到了关键性的影响作用。正如它告诫我们要压抑爱意以免遭拒绝那样，基于同样的逻辑，它也说服我们减少对生活投入的感情，以获得一种假想的对于死亡的控制感。

人生实苦，且终有一死，对这一点的认识将我们置于一个两难境地：到底是重披防御的盔甲，还是以血肉之躯投入生活。我们可以选择直面死亡，为自己和所爱之人终将逝去而悲哀。意识到人类共有的这一归途，我们就会对人间苍生怀有更多的爱和理解，就不会以高低贵贱评鉴他人，并厚此薄彼、区分待之。人生如朝露，悟到所有人终有大限，则愈加珍惜生命的每一个瞬间。

附录

附录一　如何选择治疗师

　　如果在本书的内容之外，你还想得到更多的帮助，可以考虑接受心理治疗。作为自我成长道路上的一个工具，它能够助我们一臂之力。用于心理治疗的心理学理论及相应的治疗方法多种多样，其中大部分治疗方法被证明能够成功地帮助人们，使人们更好地应对生活中的问题。有效的心理治疗可以恰如其分地挑战人们的防御系统，将个体内心的批评声暴露出来，遏制它对行为和生活方式的消极影响，帮助人们重获对自己的客观知觉。在理想状态下，心理治疗是在来访者和治疗师之间平等互动的背景下发生的。

如何选择合适的治疗师

怎样才能为自己选择合适的治疗师呢？在首次面谈期间及过后，做出最终决定之前，有必要问自己以下几个问题："与这个人待在一起时我感觉舒服吗？我们之间合不合拍？我感到自己真正地被倾听、被理解了吗？与他探讨我的想法、感受及内心深处的担忧时，我有没有足够的安全感？"

在决定是否与某位治疗师合作时，我们可以相信自己的直觉。下面是其他一些需要思考的重要问题：

- 你觉得这位治疗师表现得真实吗？还是他只是在扮演某一种角色？
- 这位治疗师能否让你敞开心扉来讨论自己？
- 在你看来，你的故事有没有对治疗师产生影响？
- 在你讲述自己的故事、陈述自己的观点时，这位治疗师有没有在认真听？
- 这位治疗师有没有把你当作一个与他平等的人来尊重？他有没有居高临下地对待你？
- 这位咨询师有没有说什么来转移你对感受的关注？
- 在面谈中，这位治疗师是被动的还是主动的？你喜欢哪一种？
- 这位治疗师是不是足够友好、温暖，并且清楚治疗中的范围和界限？

- 在你看来，这位治疗师自身对生活的态度是积极乐观的吗？
- 你感觉这位咨询师是否能开放地倾听你所有的感受，即便是对他的愤怒？
- 在第一次面谈之后，你感觉更好还是更糟了？

在第一次面谈中，为了更好地作出是否继续与某位治疗师合作的决策，你可以自由询问治疗师所有想要了解的问题。在治疗技术方面，可以考虑下面的问题：

- 治疗师认定的治疗目标是什么？
- 治疗师的目标与你想在治疗中获得的收获有无交集？
- 治疗师计划采用什么治疗方法？
- 治疗需要多长时间？治疗师认为有必要进行多少次面谈？
- 治疗师对你有什么要求？有没有家庭作业？在两次面谈之间，有没有其他需要你完成的任务？你对这些要求和期望是否感觉舒服？

治疗师对某个人的治疗有效、顺畅，不一定意味着对其他人也是如此。朋友或家人推荐的他们认可的治疗师，不一定合我们的胃口。如果我们的问题比较复杂，问题存在的时间也比较长，那么建议选择一位有更多经验、受过更多训练的治疗师。资深治疗师的专业性以及他能接触到的资源，将更好地促进我们获得帮助。

优秀治疗师的个人特征

　　决定治疗效果最重要的因素之一，就是来访者与治疗师之间的关系。治疗对我们是否有帮助，首要的决定因素并不是治疗师采用的治疗方法，而是他们的真诚，如果他们能提供一个安全、关怀的氛围，治疗就很可能有效。下面总结了一些特别重要的特征或行为表现，可在选择治疗师时用作参考。

- 理想的治疗师要有非同寻常的诚实和正直，同时足够敏感、富有情感、有同理心、善解人意。虽然他很乐观，对个人成长和变化抱有强烈的信心，但同时也不会低估我们的防御系统，能够体察我们对改变的恐惧。

- 理想的治疗师会有兴趣去了解我们内心深处的想法，并对我们特有的防御方式有所觉察。在每次面谈中，他都对新观念和真实体验持有一种开放的心态，对自身的错误和盲点也能坦然面对。

- 理想的治疗师应该能够看到我们的长处、优点及潜能，哪怕这些闪光点可能被内心批评声带来的防御行为所掩藏。他可以为我们提供一面认识真实自我的镜子，能够在我们卸下盔甲、袒露出自己的脆弱性时，与我们交流对未来生活的愿景。

- 理想的治疗师在倾听时，保持开放和接纳的态度，并会尽可能诚实地作出回应。因为他们要作为正面角色榜样，通过自己的行为和反应展示他们的所言与所为、所感都是一致的。这种表里如一和人格力量，有一部分源于他们能够接受自己的愤怒，并会在必要时有效加以利用。

- 理想的治疗师知道各种可能会伤害我们的自我防御行为，同时有能力和勇气将它们暴露出来，并且阻断其运作。

- 理想的治疗师不会认为自己比我们更优越，但会通过自己的行为向我们展示应该如何对抗内心的批评声，以及如何在一定程度上解除生活中的防御。对于我们为追求更好生活而做出的努力，他会表现出关心和敬意，并能预测在哪些情况下我们可能会体验到焦虑，或遭受内心批评声更猛烈的攻击。

- 在探讨我们的过去经验与当前问题之间的重要关联时，理想的治疗师不会过早作出判断和评价。对于我们在面谈中袒露的问题，若时机未到，他不会唐突地作出解释或回应，也不会自以为是地认为完全掌握我们问题的根源、知晓我们的内心感受和想法动机。这方面的考察很重要，因为如果治疗师做出反应的时机不当，或表现得麻木漠然，会在很大程度上挫伤来访者的交流意愿，也许我们会因此打消谈论深层忧虑的想法。

总之，一位优秀的治疗师会关心、关注病人，很少作出批评性的判断，不会过多干预，并能提供与我们个性化的期望和偏好相一致的治疗活动。

治疗关系

理想的治疗师会真诚地对待我们，一方面有了解我们的兴趣，表现出同情和关爱，另一方面也会坦诚直言、承担责任。在我们试图摆脱自我防御、开启真诚人际关系的道路上，他们作为同盟战友，会很愿意与我们开诚布公地讨论彼此之间的治疗关系，会经常鼓励我们表达自己对治疗关系的感受，无论是消极的还是积极的。即便我们表达的是愤怒和敌意，理想的治疗师也会以开放的态度来接受。

有的治疗师在清楚我们的防御和不足的同时，也同样看到我们的长处，这会对成长很有帮助；有的治疗师以不尊重的态度、尖刻讽刺的言辞对待来访者，不放过我们的错误和弱点，这无疑会伤害治疗关系。治疗师的不尊重可能表现为面谈时迟到、允许无关人员打扰面谈、忘记我们的相关信息、没有充分关注我们的表述，以及随意泄露我们的个人信息。

在有效的治疗中，治疗师会利用治疗关系帮助我们修复对自己的感觉，并潜移默化地教会我们把自己当作独特的个体来珍视。通过互动，治疗师不仅为我们提供了一个发展自我的机会，更提供了一个学习如何与他人相处的机会。在治疗之后，我们就可以学以致用，提高现有人际关系的质量。

最后，治疗师还应该对来访者人生早年经历的伤害足够敏感，能富有技巧地帮助我们与自己的内心、与当下的生活建立联结。为了达到这个目标，治疗师必须洞悉我们真实的感受、品质和价值观，并能够将之与覆盖在我们真实人格之上的、阻碍我们实现潜能的东西（比如内心的批评声）区分开来。

随着治疗的进展，我们会发现自己不再需要依赖于那些具有破坏性的、自我设限的防御行为，而正是这些防御行为妨碍了我们接触自己的真实感受。当我们不再受迫于重复那些熟悉的、自我挫败的行为模式时，就开启了持续成长、不断进步的人生。在这一段心理治疗的旅程里，我们学会认清并掌控内心的批评声，摒弃它为我们开具的反情感、反生命的药方，为自己赢得了一个实现人生潜能的独特机会。

附录二　写给治疗师的话

声音疗法（voice therapy）可以用来作为认知行为疗法、心理动力疗法和存在主义/人本主义心理疗法的一个附属方法。如果你有兴趣了解声音疗法的治疗过程、步骤，以及背后的理论基础，建议阅读《声音疗法：自我毁灭行为的心理治疗方法》（Voice Therapy: A Psychotherapeutic Approach to Self-Destructive Behavior）（Firestone，1988），《打击破坏性思维的过程》（Combating Destructive Thought Processes）（Firestone，1997a），《自杀和内心的声音》（Suicide and the Inner Voice）（Firestone，1997b），和《对亲密的恐惧》（Fear of Intimacy）（Firestone & Catlett，1999）。

认知行为治疗师

本书观点可以作为认知行为治疗的一个有价值的补充。来访者可以将对自己的负性思维记录在日记中，把这一记录带到治疗面谈中。书中的练习可以用作家庭作业，成为治疗过程中的一个重要部分。测量负性思维的自陈问卷可以鼓励来访者在治疗面谈中讨论他们过去没有解决的重要问题。这些练习和问卷能起到辅助作用，促进治疗师了解来访者在认知、情感和行为间的关联。使用分栏式日记的方法能通过现实检验、设定目标和采取正确行动，帮助来访者以事实依据对照其歪曲的自动化负性思维。这种日记形式还有助于来访者发展自己的洞察力，促进其发生行为改变，以挑战内心批评性的真实性，这一过程是完全可以整合于认知行为疗法的。

声音疗法的方法不仅可以让消极的或是功能失调的认知浮出水面，还能暴露与之相关的感受。识别伴有强烈情绪的"自动思维"，可以为改变核心图式提供必要的"热情绪氛围"（hot emotional climate）。

心理动力学精神分析师

对于心理动力学治疗师而言，这本书讨论了早期客体关系如何影响个体发展和人格动力。它提供了多种方法（如练习、问卷和日记技巧）来识别和检查"消极父母内向投射"，或者是依恋理论的"内部工作模式"，而对咨询中的来访者而言，这些心理过程很可能早已被心理防御机制排除在意识之外。个人故事、事例和日记练习可以让他们洞悉部分无意识的过程，同时也为治疗师提供了类似于通过自由联想技术获得的临床数据。这些材料有助于治疗师深刻理解内部工作模式或其表现是如何在来访者的当前生活中体现出来的。

声音疗法技术可以用来帮助治疗师深入了解来访者成长的环境。这些练习往往会引导来访者提出可能在先前治疗中没有提出的问题。例如，我们发现，那些在治疗关系中表现出消极移情的来访者，往往在预测"拒绝和消极反应"的问卷条目上做出认可的回答。如果治疗师将来访者的移情理解为一种对其在原生家庭中所经历的拒绝的再现，那么就能更好地对来访者的人格动力和发展做出概念化的解释。

存在 / 人本主义治疗师

在存在主义或人本主义框架内工作的治疗师可能会对来访者身上的，与内疚、自我否定、自我封闭、绝望和自暴自弃有关的负性思维特别感兴趣。人们感受到的死亡焦虑往往与生活中的积极和消极事件都有关系，存在主义治疗师可以询问病人的生活事件，用以预测可能发生的消极治疗反应，甚至自我毁灭行为。阅读本书将有助于来访者更好地理解孤独和死亡这类存在性问题，也可以让他们看清自己是如何以防御对抗死亡焦虑的。此外，第八章表达了这样的观点：无论生命如何短暂，仍要以热情拥抱它。我们鼓励来访者意识到，正是因为生命有限，才有必要提升生命的品质，而不是放弃它。

附录三　通过声音疗法挑战内心的批评声

声音疗法的开发是为了把破坏性的想法或内部声音，以及伴随着它们的情绪一起带到表面来，让人们得以挑战它们，并且改变由它们所控制的行为。这种方法之所以被称为"声音疗法",因为它是一个用语言表达负性思维模式的过程。

在治疗过程中,来访者学习以第二人称"你"的口语形式说出指向自己的消极看法,而不是以第一人称说出关于自己的消极表述。用这种特殊的方式大声说出内心的声音,可使来访者将自己真实的观点与充满敌意的想法区分开来。后者并不真实,是在人生早年从外界获得的异化的观点。这也是为什么人们很容易将自己内化的声音与父母一方或双方的态度及互动特征联系起来。通过暴露负性思维并调查它们的来源,来访者能够打破基本的防御行为,并朝着积极的方向改变他们的自我概念。此外,来访者还常常会表达出许多在之前从未意识到的,与内部批评声和潜在核心消极信念有关的感觉。换言之,存在于无意识层面的信念会在声音疗法的过程中涌现出来。

在一次团体治疗中,瑞克谈到了自己听到哥哥温和的批评之后的反应。在当时,瑞克结婚已经十年了,有两个孩子,是一个大公司的成功高管。但是,他的童年却比大多数人要坎坷,父母无休无止的争吵导致家里的氛围总是很混乱。他先是回顾了哥哥的批评是如何激活他的自我批评的。当他开始给这种自我攻击的声音赋予文字时,他被强烈的情绪裹挟住了。下面摘录了这次对话的一部分。

瑞克:"上周我哥哥说,一想到我们家人要去和他住一段时间,他就感到有点害怕。这番话让我开始猛烈地攻击自己。"

治疗师:"听到你哥哥的话,你对自己说了些什么?"

瑞克:"我听到的攻击声在说我不适合跟别人一起生活。'你只是个安静的讨厌鬼,你是个小瘪三,你一文不值。'我能真切地感受到攻击,

'你真是不适合跟别人待在一起——而且你应该尽力隐藏这一点。你真的要小心。你就该安安静静老老实实地待在不为人注意的角落里，因为一旦别人了解你，你就暴露了自己是个讨厌鬼！'

所以，如果有人说了关于我孩子的一些话，我会把这些话变成对孩子的攻击，像是我在家里感受到的攻击一样。我觉得这种攻击的基础是'你不过和我们一样。你凭什么认为自己与众不同？你只是一个疯狂的、卑鄙无耻的人'。（瑞克开始痛哭）

当我想到孩子，情绪一下子就上来了。他们也被我带到这种感觉中了，而我是多么不想让他们也有这种感觉啊！我已经发现，我看待自己的方式，以及我的生活方式，已经在某种程度上被传递给了他们。我想对此做出改变，既是为了我自己，也更是为了他们。刚刚我用语言表达出自己的感觉'因为我招人厌，所以他们也招人厌'之后，感觉真是太糟糕了，所以我必须要改变了。"

在那次治疗面谈的后半程，瑞克发现自己之所以认为在生活中做出建设性的改变是徒劳的，是因为他父亲对于生活就持有悲观的看法。

瑞克："'即使你今天感慨万千，你又能做什么呢？前方仍然空无一物。你依然无足轻重。'那个声音说未来不可期，我一无所有。"

治疗师："你为什么会有那样的感觉？"

瑞克："我认为我爸爸没有任何能力。比如说，他一直梦想着要有一艘船，而且他周末会去码头看船。但是他却从未为此做过什么。我从来没有看到他采取什么行动。船对他而言就只是一个幻想。"

几周之后，瑞克谈到在那次面谈之后，他注意到自己有进步，他和孩子们的关系也改善了：

"我能够明显看到我儿子的感觉更好了，因为我用一种不同的方式和他相处。看到他让我感到更开心了，每天下班回家看到他时我真的很快乐。而且我的女儿也在一定程度上更好了，但是因为某种原因，她们与我的儿子不同——我想是我在儿子身上看到了自己。所以仅仅只是把他看作一个独立的人，去感觉我想给他什么，什么是我在还没长大的时候缺失但想要的，仍然会给我带来一些痛苦和悲伤。但是尝试把那些东西给他让我感觉很好。"

在声音治疗中，识别自我攻击并表达与之相伴的情绪，可以让来访者重获对自己的真实看法和感觉。从本质上说，来访者与自己重新建立了联结。有些治疗形式会推荐来访者以自我肯定的陈述来反驳对自己的消极看法，然而自相矛盾的是，用轻拍自己的后背自我安慰，可能会导致一种孩子气的反应，例如促进自我挫败行为的发生。以自我肯定来表扬自己，与惩罚自己一样是有害的，因为在这两种情况下，我们都站在离自己一步之遥的地方，都没有在真正地体会自己的生活。至关重要的一点是，我们要做自己，我们要直接体验自己的情绪，而不是在外围观察或照顾自己。

声音治疗的下一步——改变由内心批评声控制的行为，是对内心批评声的有力而重要的回答："我不必按照你说的去做。我要过我想要的生活，追求我自己的目标和愿望。"

参考文献

Beutler, L. E., B. Bongar, and J. N. Shurkin. 1998. *Am I Crazy, Or Is It My Shrink?* New York: Oxford University Press.

Cronkite, K. 1994. *On the Edge of Darkness: Conversations about Conquering Depression*. New York: Delta Trade Paperbacks.

The Dalai Lama. 2000. *Transforming the Mind: Teachings on Generating Compassion*. Translated by G. T. Jinpa. London: Thorsons.

Firestone, R. W. 1985. *The Fantasy Bond: Structure of Psychological Defenses*. Santa Barbara, Calif.: Glendon Association.

——. 1988. *Voice Therapy: A Psychotherapeutic Approach to Self-Destructive Behavior*. Santa Barbara, Calif.: Glendon Association.

——. 1990. *Compassionate Child-Rearing: An In-Depth Approach to Optimal Parenting*. Santa Barbara, Calif.: Glendon Association.

——. 1997a. *Combating Destructive Thought Processes: Voice Therapy and Separation Theory*. Thousand Oaks, Calif.: Sage.

———. 1997b. *Suicide and the Inner Voice: Risk Assessment, Treatment, and Case Management.* Thousand Oaks, Calif.: Sage.

Firestone, R. W., and J. Catlett. 1989. *Psychological Defenses in Everyday Life.* Santa Barbara, Calif.: Glendon Association.

———. 1999. *Fear of Intimacy.* Washington, D.C.: American Psychological Association.

Firestone, R. W., L. Firestone, and J. Catlett. 1997. *A Voice Therapy Training Manual.* Santa Barbara, Calif.: Glendon Association

Love, P., and S. Shulkin. 1997. *How to Ruin a Perfectly Good Relationship.* Austin, Tex.: Love and Shulkin.

McClure, L. 2000. *Anger and Conflict in the Workplace: Spot the Signs, Avoid the Trauma.* Manassas Park, Va.: Impact Publications.

Perris, C., L. Jaconsson, H. Lindström, L. vanKnorring, and H. Perris. 1980. Development of a new inventory for assessing memorites of parental rearing behavior. *Acta Psychiatrica Scandinavia* 61:265-278.

鸵鸟心理：为何我们总是害怕与逃避

致谢

我们想把这本书献给我们的合作者罗伯特·费尔斯通（Robert Firestone），他鼓舞人心的想法影响了我们的生活。在过去的二十年里，我们通过讲座和演讲与很多人分享了这些想法，听众的反馈促使我们说服他和我们一起写下这本书，以便更多人能接触到这些想法。罗伯特·费尔斯通长期以来致力于揭示心理防御带来的破坏性，并在心理学领域及更大的社会范围内挑战传统信念，在此我们对他的勇气表示感谢和敬意。

丽莎·费尔斯通（Lisa Firestone）

乔伊丝·卡特里特（Joyce Catlett）

特别感谢塔姆森·费尔斯通（Tamsen Firestone）以非凡的敏锐性和洞察力组织、改写、阐明了本书中的想法。也要感谢她卓越的编辑团队：乔·巴林顿（Jo Barrington）和苏珊·肖特（Susan Short），感谢他们对于原稿的持续质疑和评价；感谢安妮·贝克（Anne Baker）帮助准备最后的稿件；感谢特蕾西·拉金（Tracy Larkin）和莎拉·胡普斯（Sara Hoopes）重新制作了书中的练习部分；还要感谢吉娜·卡瓦略（Jina Carvalho）广泛地传播了一系列衍生的印刷品和视频作品，生动地阐明了书中的概念和方法。

我们还要感谢马修·麦凯（Matthew McKay）鼓励我们写了这本书。特别鸣谢那些提供了自身故事的先生们和女士们，是你们的经历赋予书中描述的思想和方法以生命。在此感谢他们如此坦率和诚实地说出个人经历，对内心批评声和幻想纽带资料库的积累做出了贡献。

本书中所涉及的姓名、地点和其他可辨认的事件均为虚构，如有雷同，纯属巧合（对在世或已故的任何人绝无影射）。